José Manuel Vega Báez

Liderazgo Prospectivo

→ 2024 ←

Oportunidades, Amenazas
y Nuevos Negocios

SERIE CIMA
Smart Business
KNOWLEDGE

Liderazgo Prospectivo 2024
Primera edición: Diciembre de 2023

D.R. José Manuel Vega Báez
@jmvegabaez en redes sociales
Ciudad de México
www.seriecima.com
info@seriecima.com
Imágenes: freepik.com

SERIE CIMA
Smart Business
KNOWLEDGE

Smart Business Knowledge es una colección de libros cortos que contienen una síntesis de temas relacionados al liderazgo, la gestión y el emprendimiento, que han apoyado mi práctica profesional y de los que he impartido cursos y conferencias a lo largo de varias décadas. Esta colección está dirigida a todas las personas interesadas en el conocimiento ágil y preciso de tópicos relevantes en el campo de los negocios: estudiantes de licenciatura y de maestría, emprendedores y empresarios, ejecutivos y directivos de organizaciones privadas, etcétera.

Espero sinceramente que en esta época en la que con unos cuantos clics podemos obtener una enorme cantidad de información, los libros de esta colección te brinden la calidad, la claridad y la confianza que requieres para el mejor desempeño de tu actividad en el mundo de los negocios.

¡Ánimo y ACCIÓN!

José Manuel Vega Báez
@jmvegabaez en redes sociales

SERIE CIMA
Smart Business
KNOWLEDGE

Índice

SERIE CIMA
Smart Business
KNOWLEDGE

Introducción

SERIE CIMA
Smart Business
KNOWLEDGE

José Manuel Vega Báez

¿Qué es el liderazgo prospectivo? Adoptemos un breve enfoque paso a paso para esclarecer su naturaleza y alcance.

Líder es la persona que guía a una colectividad en la conquista de un sueño compartido. Liderazgo es el proceso que lleva a cabo un líder para cumplir con su labor. Y prospectiva –del latín pro (adelante) y spectare (mirar)– es la disciplina que estudia el futuro. Entonces…

Liderazgo prospectivo es el proceso que realiza un líder para estudiar el futuro y conducir a su colectivo rumbo al propósito grupal.

En la gestión empresarial, la prospectiva es uno de los elementos de la inteligencia corporativa, que es preciso resolver de manera adecuada antes de diseñar la estrategia corporativa, y consta de varias etapas que inician con la identificación de megatendencias y riesgos, y terminan con la definición de líneas estratégicas.

El objetivo de esta obra abona a la primera etapa de la prospectiva empresarial: explorar las principales megatendencias y riesgos globales, para descubrir oportunidades, amenazas y posibles nuevos negocios.

Una megatendencia global es un patrón de cambio profundo y de largo plazo que afecta significativamente nuestra forma de vida, mientras que un riesgo global es la posibilidad de ocurrencia de un evento que causaría un fuerte impacto negativo al mundo.

Es preciso mencionar que, si bien para fines didácticos hemos clasificado las megatendencias y riesgos en cinco categorías, en la realidad no existen fronteras sólidas, sino que todas están relacionadas e interactúan entre ellas, puesto que forman parte integral de un sistema mayor que para nuestra intención será referido al futuro.

Un futuro que desde hace tiempo ha sido caracterizado con el acrónimo VUCA en inglés o VICA en español: volátil, incierto, complejo y ambiguo. Por lo que en este entramado paisaje, el liderazgo prospectivo emerge como la brújula que nos orienta haciendo uso del mismo acrónimo VICA.

En un futuro volátil, la visión del líder resplandece como faro, iluminando la senda a través de la incertidumbre,

José Manuel Vega Báez

ante la cual el líder se nutre y provee a su equipo de información. En la complejidad, el líder busca comprensión, desentrañando patrones y conexiones, mientras que en la ambigüedad, encabeza la adaptación, forjando un camino hacia el éxito colectivo.

La visión, la información, la comprensión y la adaptación conforman los pilares esenciales del liderazgo prospectivo, aspectos que se harán presentes en las próximas páginas de este libro.

SERIE CIMA
Smart Business
KNOWLEDGE

José Manuel Vega Báez

Megatendencias y

Riesgos Económicos

SERIE CIMA
Smart Business
KNOWLEDGE

José Manuel Vega Báez

Megatendencias Económicas

1 – Economía Digital

La megatendencia global de la economía digital es la transformación fundamental de los modelos económicos mediante la integración intensiva de tecnologías digitales en todos los aspectos de la vida y los negocios. Impulsada por la conectividad masiva, la inteligencia artificial, el análisis de datos y la automatización, esta revolución redefine la forma en que producimos, consumimos y nos relacionamos. Desde la interconexión de dispositivos hasta la creación de nuevos modelos de negocio, la economía digital está dando forma a un futuro donde la innovación tecnológica y la adaptabilidad son cruciales para el éxito empresarial y la prosperidad global.

Algunos giros empresariales que podrían beneficiarse de esta megatendencia son:

1. Comercio Electrónico y Retail Online: La economía digital impulsa las ventas en línea, facilita la personalización de la experiencia del cliente y permite una logística más eficiente, mejorando la competitividad y alcance global.

2. Fintech y Servicios Financieros Digitales: La digitalización en finanzas ofrece transacciones más rápidas y seguras, acceso a servicios financieros inclusivos, y la posibilidad de desarrollar modelos de negocio innovadores como pagos móviles y criptomonedas.

3. Tecnologías de la Salud (HealthTech): La integración de tecnologías digitales en la salud permite la telemedicina, monitoreo remoto, análisis de datos para diagnósticos precisos, mejorando la eficiencia y la calidad de la atención médica.

4. Educación Online y EdTech: La economía digital en la educación ofrece acceso global a la formación, personalización del aprendizaje, y plataformas interactivas que transforman la manera en que adquirimos conocimiento.

5. Industria 4.0 y Manufactura Digital: La adopción de tecnologías digitales en la fabricación optimiza la producción, reduce costos mediante la automatización, y

José Manuel Vega Báez

facilita la personalización de productos según las demandas del mercado.

6. Turismo Digital y Plataformas de Viaje: La economía digital transforma la industria turística con reservas en línea, experiencias personalizadas, y tecnologías como la realidad virtual que enriquecen la planificación y vivencia de los viajes.

7. Energías Renovables y Sostenibilidad: La digitalización permite la gestión eficiente de recursos en energías renovables, optimizando la generación y distribución de energía, contribuyendo a un desarrollo sostenible.

8. Entretenimiento Digital y Streaming: La economía digital revoluciona el entretenimiento con plataformas de streaming, gaming en línea, y experiencias inmersivas, ofreciendo contenido personalizado y accesible en cualquier momento y lugar.

9. Agricultura Inteligente (AgTech): La integración de tecnologías digitales en la agricultura mejora la eficiencia en la producción, permite la gestión precisa de recursos, y facilita la toma de decisiones basada en datos para agricultores.

10. Seguros Tecnológicos y Insurtech: La digitalización en el sector asegurador facilita la personalización de pólizas, la evaluación de riesgos en tiempo real mediante datos digitales, y la mejora en la experiencia del cliente a través de plataformas digitales.

En general, una empresa que ignore la megatendencia global de economía digital se arriesga a quedar rezagada y perder relevancia en un mundo empresarial cada vez más conectado. Puede enfrentar obsolescencia frente a competidores ágiles y digitales, experimentar dificultades para llegar a audiencias modernas y sufrir ineficiencias operativas. La falta de adaptación a las tecnologías emergentes puede resultar en pérdida de clientes, oportunidades de mercado y la incapacidad de aprovechar las eficiencias y ventajas competitivas que la economía digital ofrece. La resistencia al cambio podría amenazar la supervivencia misma de la empresa en un entorno empresarial en constante evolución.

Algunas ideas de nuevos negocios basados en esta megatendencia son:

1. Plataforma de Realidad Aumentada para Compras Virtuales: Una plataforma que utiliza la realidad aumentada para permitir a los usuarios probar productos virtualmente antes de comprarlos. Desde ropa hasta muebles, esta

herramienta mejora la experiencia de compra en línea al brindar una visión más realista de los productos.

2. Asesoría Digital en Seguridad Cibernética para Pequeñas Empresas: Un servicio especializado que proporciona asesoramiento y soluciones de seguridad cibernética adaptadas a las necesidades y presupuestos de pequeñas empresas. Incluye evaluaciones de riesgos, implementación de medidas de seguridad y monitoreo continuo.

3. Plataforma de Aprendizaje de Habilidades del Futuro: Una plataforma educativa en línea que se centra en enseñar habilidades digitales y tecnológicas clave para el futuro, como programación, inteligencia artificial y habilidades de gestión de datos, para satisfacer la creciente demanda del mercado laboral digital.

4. Servicio de Personalización Genómica Guiada por Inteligencia Artificial: Un servicio que utiliza la inteligencia artificial para analizar datos genómicos y proporcionar recomendaciones personalizadas para la salud, la nutrición y el estilo de vida. Ofrece una visión única y específica para cada individuo basada en su composición genética.

5. Plataforma de Economía Circular para Productos Tecnológicos: Una plataforma en línea que facilita la compra, venta y intercambio de productos tecnológicos de segunda mano, fomentando la economía circular y reduciendo el desperdicio electrónico. Incluye servicios de certificación de calidad y actualización tecnológica.

2 – Economía Verde

La megatendencia global de economía verde representa la transición hacia un modelo económico sostenible y respetuoso con el medio ambiente. Impulsada por la necesidad de abordar el cambio climático y la escasez de recursos, esta tendencia fomenta la adopción de prácticas empresariales ecológicas, energías renovables, eficiencia energética y la minimización de impactos ambientales. Enfocada en la responsabilidad social y ambiental, la economía verde busca equilibrar el crecimiento económico con la preservación del medio ambiente, ofreciendo oportunidades para la innovación, la creación de empleo verde y la creación de valor a largo plazo.

Algunos giros empresariales que podrían beneficiarse de esta megatendencia son:

1. Energías Renovables y Solar: La creciente demanda de fuentes de energía limpias impulsa el desarrollo y la implementación de tecnologías solares y otras energías renovables, generando oportunidades para empresas en el sector.

2. Construcción Sostenible y Eficiencia Energética: Empresas dedicadas a la construcción verde y eficiencia

energética encuentran demanda en la creación de edificios sostenibles, reduciendo el impacto ambiental y los costos operativos a largo plazo.

3. Transporte Sostenible y Electromovilidad: La transición hacia vehículos eléctricos y sistemas de transporte sostenibles ofrece oportunidades a empresas que desarrollan tecnologías y servicios relacionados con la movilidad limpia.

4. Agricultura Sostenible y AgTech: Empresas que adoptan prácticas agrícolas sostenibles y tecnologías verdes, como la agricultura de precisión, pueden mejorar la eficiencia, reducir residuos y contribuir a la seguridad alimentaria.

5. Tecnologías de Reciclaje y Gestión de Residuos: Enfocarse en soluciones innovadoras de reciclaje y gestión de residuos, aprovechando materiales reciclables, contribuye a la economía circular y reduce la huella ambiental.

6. Alimentación Orgánica y Sostenible: La demanda creciente de productos alimentarios respetuosos con el medio ambiente brinda oportunidades para empresas que adoptan prácticas agrícolas sostenibles y etiquetado verde.

7. Tecnologías Limpias para la Industria: Desarrollar tecnologías limpias y procesos industriales sostenibles satisface la demanda de empresas comprometidas con la reducción de emisiones y la eficiencia en el uso de recursos.

8. Moda Sostenible y Textiles Ecológicos: La adopción de prácticas sostenibles en la industria textil, como la utilización de materiales reciclados y procesos

ecoamigables, satisface la creciente demanda de consumidores conscientes del medio ambiente.

9. Turismo Ecológico y Hotelería Sostenible: Empresas que priorizan la sostenibilidad en el turismo ofrecen experiencias ecoamigables, atrayendo a un segmento de mercado comprometido con la preservación del entorno.

10. Servicios Ambientales y Consultoría en Sostenibilidad: Ofrecer servicios de consultoría para empresas que buscan mejorar su desempeño ambiental y adoptar prácticas sostenibles se convierte en una oportunidad de negocio estratégica.

En general, una empresa que descuide la megatendencia global de economía verde enfrenta riesgos significativos. Puede sufrir una disminución en la demanda de productos y servicios, enfrentar restricciones regulatorias más estrictas, y experimentar una pérdida de reputación ante consumidores y socios comerciales que valoran la sostenibilidad. Además, la falta de adaptación a prácticas comerciales sostenibles puede resultar en mayores costos operativos a medida que las regulaciones ambientales se intensifican. A largo plazo, la omisión de la economía verde podría dejar a la empresa rezagada, perdiendo oportunidades de mercado y enfrentando posibles consecuencias legales y financieras.

Algunas ideas de nuevos negocios basados en esta megatendencia son:

1. Plataforma de Comercio de Créditos de Carbono: Una plataforma en línea que facilita la compra y venta de créditos de carbono, permitiendo a las empresas compensar sus emisiones al apoyar proyectos sostenibles y contribuir a la reducción global de gases de efecto invernadero.

2. Asesoría en Huella Ambiental para Empresas: Un servicio de consultoría que evalúa y ayuda a reducir la huella ambiental de las empresas, ofreciendo estrategias para la eficiencia energética, gestión de residuos y adopción de prácticas comerciales más sostenibles.

3. Sistema de Monitoreo de Calidad del Aire Urbano: Desarrollar y mantener una red de sensores para monitorear la calidad del aire en entornos urbanos, ofreciendo datos en tiempo real y soluciones para mejorar la calidad del aire en áreas urbanas.

4. Emprendimiento de Energía Residencial Renovable: Ofrecer soluciones integrales para la adopción de energía renovable en hogares, incluyendo instalación de paneles solares, sistemas de almacenamiento de energía y asesoramiento para reducir el consumo energético.

5. Aplicación para Consumidores Responsables: Desarrollar una aplicación que ayude a los consumidores a tomar decisiones de compra conscientes, proporcionando información sobre la sostenibilidad de productos, opciones de reciclaje y la huella ambiental asociada a diferentes elecciones de consumo.

3 – Economía del Conocimiento

La megatendencia global de economía del conocimiento se refiere a la transformación económica impulsada por la creación, adquisición y aplicación de conocimiento en todas las facetas de la sociedad. En este paradigma, el valor se deriva de la innovación, la tecnología, la educación continua y la colaboración. La economía del conocimiento impulsa el desarrollo de industrias basadas en la información, el aprendizaje constante, y la capacidad de adaptarse a la evolución acelerada de la información y la tecnología, redefiniendo la forma en que las empresas operan y las personas participan en la economía global.

Algunos giros empresariales que podrían beneficiarse de esta megatendencia son:

José Manuel Vega Báez

1. Tecnología de la Información y Desarrollo de Software: La economía del conocimiento impulsa la demanda de soluciones tecnológicas innovadoras, desde software especializado hasta desarrollo de plataformas, aprovechando la constante evolución del conocimiento tecnológico.

2. Educación en Línea y Plataformas de Aprendizaje: La demanda de aprendizaje continuo favorece a empresas que ofrecen plataformas educativas en línea, cursos especializados y herramientas de capacitación, respondiendo a la necesidad de adquirir y actualizar conocimientos.

3. Investigación y Desarrollo en Ciencia y Tecnología: Empresas que lideran la investigación y desarrollo en ciencia y tecnología están en la vanguardia de la generación de nuevo conocimiento, impulsando la innovación y contribuyendo al progreso tecnológico.

4. Consultoría en Gestión del Conocimiento: Ofrecer servicios de consultoría para optimizar la gestión del conocimiento en organizaciones, facilitando la captura, transferencia y aplicación eficiente del conocimiento, mejora la toma de decisiones y la innovación.

5. Industria del Big Data y Analítica: La economía del conocimiento impulsa la demanda de empresas especializadas en procesamiento y análisis de grandes volúmenes de datos, proporcionando información valiosa para la toma de decisiones estratégicas.

6. Servicios de Desarrollo Profesional y Coaching: La búsqueda constante de habilidades y desarrollo personal en

la economía del conocimiento impulsa la demanda de servicios de coaching y desarrollo profesional que apoyan el crecimiento y la adaptabilidad.

7. Telecomunicaciones y Redes: Con el aumento de la conectividad y la comunicación instantánea, las empresas de telecomunicaciones se benefician al proporcionar infraestructura y servicios que facilitan la transmisión eficiente del conocimiento.

8. Salud Digital y Telemedicina: La integración de tecnologías de la información en el sector de la salud facilita la gestión eficiente de datos médicos y la prestación de servicios de telemedicina, mejorando la atención médica y la investigación.

9. Servicios de Marketing Digital: En la economía del conocimiento, las empresas necesitan estrategias de marketing digital avanzadas para destacar. Las agencias de marketing digital ofrecen conocimientos especializados en publicidad en línea, análisis de datos y tendencias digitales.

10. Empresas de Consultoría Estratégica: Las empresas que ofrecen servicios de consultoría estratégica se benefician al ayudar a otras organizaciones a adaptarse a las cambiantes dinámicas de la economía del conocimiento, identificando oportunidades y mitigando riesgos.

José Manuel Vega Báez

En general, una empresa que ignore la megatendencia global de economía del conocimiento enfrentaría el riesgo de volverse obsoleta en un entorno empresarial impulsado por la innovación y la tecnología. Podría quedarse rezagada en eficiencia operativa, perder competitividad y no satisfacer las demandas cambiantes de los clientes. La falta de adaptación al aprendizaje continuo y la gestión eficiente del conocimiento podría limitar su capacidad para tomar decisiones informadas. En última instancia, una empresa que no abrace la economía del conocimiento corre el riesgo de perder oportunidades de crecimiento, innovación y ventajas competitivas a largo plazo.

Algunas ideas de nuevos negocios basados en esta megatendencia son:

1. Plataforma de Mentoría Digital: Una plataforma en línea que conecta a profesionales experimentados con aquellos que buscan orientación y aprendizaje en campos específicos, facilitando la transferencia de conocimientos y habilidades especializadas.

2. Empresa de Gestión de Datos Éticos: Ofrecer servicios de gestión de datos centrados en la ética, asegurando la recopilación, almacenamiento y análisis de datos de manera responsable y cumpliendo con estándares éticos y regulaciones de privacidad.

3. Plataforma de Realidad Virtual para Entrenamiento Empresarial: Desarrollar una plataforma que utiliza tecnología de realidad virtual para ofrecer experiencias de entrenamiento inmersivas, permitiendo a las empresas capacitar a su personal en entornos simulados y complejos.

4. Servicio de Consultoría en Transformación Digital: Una empresa de consultoría que se especializa en guiar a otras organizaciones en su proceso de transformación digital, ofreciendo estrategias adaptadas para integrar tecnologías emergentes y optimizar procesos.

5. Plataforma de Compartición de Conocimiento en Empresas: Desarrollar una plataforma interna en la que los empleados de una empresa puedan compartir conocimientos, experiencias y recursos de aprendizaje, fomentando una cultura de colaboración y aprendizaje continuo.

José Manuel Vega Báez

Riesgos Económicos

1 – Deuda Acumulada

El riesgo global de deuda acumulada se refiere a la preocupación sobre el aumento sostenido de la deuda a nivel mundial, ya sea en gobiernos, empresas o individuos. Este fenómeno genera inquietudes acerca de la capacidad de pago y sus implicaciones económicas. La acumulación excesiva de deuda puede desencadenar crisis financieras, restricciones presupuestarias, y limitar la capacidad de los países y actores económicos para hacer frente a eventos adversos, generando un riesgo sistémico que afecta la estabilidad económica a nivel global.

Algunos giros empresariales que podrían dañarse con este riesgo son:

1. Banca y Servicios Financieros: La deuda acumulada aumenta el riesgo de impagos, afectando a las instituciones financieras que podrían enfrentar pérdidas significativas en sus carteras de préstamos y activos.

2. Industria de la Construcción y Bienes Raíces: Un entorno de deuda elevada puede llevar a una disminución en la inversión y financiamiento para proyectos inmobiliarios, impactando negativamente en el crecimiento de la industria de la construcción.

3. Consumo y Comercio Minorista: La reducción en la capacidad de endeudamiento de los consumidores puede disminuir el gasto, afectando a las empresas minoristas que dependen de la demanda del consumidor.

4. Empresas Altamente Apalancadas: Las empresas con altos niveles de endeudamiento enfrentarían mayores costos de financiamiento, dificultando la expansión y poniendo en riesgo su solvencia financiera.

5. Sector Energético: La deuda acumulada puede afectar la capacidad de las empresas energéticas para financiar proyectos de expansión y transición a fuentes de energía más sostenibles, debilitando la resiliencia del sector.

6. Industria Automotriz: La deuda elevada podría afectar la demanda de vehículos, ya que los consumidores

José Manuel Vega Báez

podrían reducir sus gastos en automóviles, impactando negativamente en la industria automotriz.

7. Tecnología y Startups: Empresas tecnológicas altamente apalancadas podrían enfrentar dificultades para obtener financiamiento, limitando su capacidad de inversión en innovación y desarrollo.

8. Turismo y Hostelería: La deuda acumulada podría reducir los viajes y el gasto en ocio, afectando a la industria turística y hotelera que depende de la movilidad y el consumo discrecional.

9. Manufactura Pesada: Las empresas manufactureras con altos niveles de endeudamiento podrían enfrentar restricciones financieras, dificultando la modernización de equipos y la adaptación a nuevas tecnologías.

10. Agricultura y Agroindustria: La deuda acumulada puede afectar la capacidad de inversión en tecnologías agrícolas sostenibles, reduciendo la resiliencia del sector frente a eventos climáticos y fluctuaciones del mercado.

En general, una empresa que descuide el riesgo global de deuda acumulada corre el peligro de enfrentar dificultades financieras significativas. La acumulación excesiva de deuda podría resultar en mayores costos de endeudamiento, reducir la capacidad de inversión y limitar la flexibilidad financiera. Esto, a su vez, puede llevar a la incapacidad para hacer frente a crisis económicas, afectar la calificación crediticia y aumentar el riesgo de incumplimiento, perjudicando la imagen corporativa y la confianza de los inversores. La falta de gestión proactiva del riesgo de deuda podría poner en peligro la viabilidad y estabilidad a largo plazo de la empresa.

Algunas ideas de nuevos negocios basados en este riesgo son:

1. Servicios de Reestructuración de Deuda Empresarial: Ofrecer servicios especializados para ayudar a las empresas a gestionar y reestructurar su deuda, proporcionando estrategias para reducir la carga financiera y evitar impagos.

2. Plataforma de Monitoreo de Riesgo de Deuda: Desarrollar una plataforma digital que ofrezca análisis en tiempo real sobre el riesgo de deuda de empresas, brindando información clave para inversores, instituciones financieras y empresas que buscan evaluar riesgos.

3. Asesoría Financiera para Gobiernos Locales: Proporcionar servicios de asesoría financiera a gobiernos locales, ayudándoles a gestionar y optimizar su deuda, implementar medidas fiscales responsables y mejorar la salud financiera de la comunidad.

José Manuel Vega Báez

4. Seguros contra Riesgos de Deuda Empresarial: Crear productos de seguros especializados que cubran a las empresas contra riesgos asociados con la acumulación de deuda, proporcionando una red de seguridad financiera en caso de eventos que afecten la capacidad de pago.

5. Plataforma de Financiamiento Colaborativo para Deuda Empresarial: Establecer una plataforma en línea que conecte a inversores con empresas en búsqueda de financiamiento para gestionar su deuda, permitiendo acuerdos de préstamos colaborativos y diversificación de riesgos.

2 – Desigualdad Económica

El riesgo global de desigualdad económica se refiere a la amenaza de disparidades significativas en la distribución de la riqueza y los recursos a nivel mundial. Este riesgo surge de la brecha creciente entre estratos socioeconómicos, exacerbando tensiones sociales y políticas. La desigualdad económica global puede conducir a conflictos, inestabilidad política, y limitar el acceso equitativo a oportunidades, afectando negativamente el desarrollo sostenible y la cohesión social en un contexto global interconectado.

Algunos giros empresariales que podrían dañarse con este riesgo son:

1. Lujo y Bienes de Alta Gama: La desigualdad económica puede reducir la demanda de productos de lujo, ya que los consumidores con ingresos más bajos tienen menos capacidad adquisitiva, afectando las ventas y márgenes de estas empresas.

2. Turismo de Lujo: La brecha de ingresos puede afectar el segmento de turismo de lujo, ya que menos personas pueden permitirse este tipo de experiencias, impactando en hoteles, resorts y servicios relacionados.

3. Inversiones Financieras de Alto Riesgo: La creciente desigualdad puede aumentar la aversión al riesgo entre los inversores, afectando negativamente a empresas involucradas en inversiones de alto riesgo, como fondos de cobertura y mercados especulativos.

4. Industria de la Moda de Alta Costura: La reducción del poder adquisitivo de ciertos segmentos de la población puede disminuir la demanda de moda de alta costura, afectando a diseñadores y marcas de lujo.

5. Sector de la Educación Privada: La desigualdad económica puede limitar el acceso a la educación privada, afectando la demanda y matrícula en instituciones educativas de élite.

6. Bienes y Servicios de Salud de Alta Gama: La desigualdad puede afectar el acceso a servicios de salud premium y tratamientos de lujo, reduciendo la demanda para empresas en el sector de la salud de alta gama.

José Manuel Vega Báez

7. Automóviles de Lujo: La disminución en el poder adquisitivo de ciertos grupos afecta la demanda de vehículos de lujo, impactando a fabricantes y concesionarios especializados.

8. Viajes Espaciales Comerciales: Empresas que aspiran a la industria emergente de viajes espaciales comerciales pueden enfrentar desafíos si la desigualdad económica limita la base de clientes potenciales.

9. Tecnología de Consumo Premium: La reducción en la capacidad de compra de ciertos grupos afecta la demanda de tecnología de consumo premium, impactando a empresas que se centran en productos de gama alta.

10. Industria de Cruceros de Lujo: La desigualdad económica puede afectar la participación en viajes de crucero de lujo, impactando a compañías que operan en este sector del turismo de alta gama.

En general, una empresa que ignore el riesgo global de desigualdad económica se arriesga a enfrentar consecuencias adversas. Podría experimentar una disminución en la demanda de productos y servicios si la desigualdad limita el poder adquisitivo de segmentos clave del mercado. Además, puede enfrentar críticas y presiones regulatorias si no aborda la equidad en el empleo y prácticas salariales. La creciente conciencia social sobre la desigualdad podría afectar la reputación de la empresa, afectando la lealtad del cliente y la capacidad para atraer y retener talento. La consideración de la equidad económica es esencial para la sostenibilidad y la aceptación en un entorno empresarial cambiante.

Algunas ideas de nuevos negocios basados en este riesgo son:

1. Plataforma de Inversión Social: Crear una plataforma de inversión que canalice fondos hacia proyectos sociales y emprendimientos que busquen reducir la desigualdad económica, ofreciendo a inversores la oportunidad de contribuir a iniciativas de impacto social positivo.

2. Educación Online Accesible: Desarrollar una plataforma de educación en línea que ofrezca cursos y programas asequibles, facilitando el acceso a la educación y habilidades necesarias para mejorar las oportunidades laborales en segmentos económicos desfavorecidos.

3. Programas de Mentoría Profesional: Establecer programas de mentoría que conecten profesionales exitosos con individuos de comunidades menos privilegiadas, brindando orientación y apoyo para el desarrollo de habilidades y avance profesional.

José Manuel Vega Báez

4. Servicios Financieros Inclusivos: Crear servicios financieros accesibles, como cuentas bancarias y servicios de inversión con mínimos bajos, dirigidos a comunidades con bajos ingresos para fomentar la inclusión financiera y la generación de riqueza.

5. Plataforma de Empleo Justo: Desarrollar una plataforma digital que conecte empleadores comprometidos con prácticas salariales justas con candidatos de comunidades desfavorecidas, promoviendo oportunidades de empleo equitativas y reduciendo la disparidad salarial.

3 – Inestabilidad Financiera

El riesgo global de inestabilidad financiera se refiere a la posibilidad de que eventos adversos afecten negativamente la estabilidad y funcionamiento de los mercados financieros a nivel mundial. Este riesgo puede surgir de factores como crisis económicas, fluctuaciones abruptas en los mercados, crisis de deuda, o eventos sistémicos. La inestabilidad financiera global puede provocar pánico, disminución de la confianza del mercado y contagio económico, afectando a instituciones financieras, inversionistas y economías en general.

Algunos giros empresariales que podrían dañarse con este riesgo son:

1. Instituciones Financieras: Las instituciones financieras podrían sufrir pérdidas por la depreciación de activos, enfrentar riesgos de liquidez y experimentar una disminución en la confianza de los depositantes y clientes durante periodos de inestabilidad financiera.

2. Sector Inmobiliario: La inestabilidad financiera puede llevar a una contracción en la financiación para proyectos inmobiliarios, disminuyendo la demanda y afectando el valor de propiedades, así como la rentabilidad de las inversiones.

3. Automotriz y Manufactura Pesada: La reducción en la demanda de bienes duraderos durante crisis financieras puede impactar negativamente a la industria automotriz y manufacturera pesada, llevando a una disminución en la producción y ventas.

4. Consumo y Retail: La incertidumbre económica puede llevar a una disminución en el gasto del consumidor, afectando a empresas minoristas y de consumo que dependen de la demanda del mercado.

5. Tecnología y Startups: Las empresas tecnológicas, particularmente aquellas dependientes de la inversión de capital de riesgo podrían enfrentar dificultades para obtener financiamiento, afectando la innovación y el crecimiento.

6. Turismo y Hostelería: La inestabilidad financiera puede reducir los viajes y el gasto en ocio, afectando a la industria turística y hotelera que depende de la movilidad y el consumo discrecional.

José Manuel Vega Báez

7. Energía y Recursos Naturales: La disminución en la demanda y los precios de los recursos naturales durante crisis financieras puede afectar a empresas del sector energético y de recursos, disminuyendo su rentabilidad.

8. Empresas Altamente Apalancadas: Empresas con altos niveles de endeudamiento podrían enfrentar mayores costos de financiamiento, restricciones crediticias y riesgo de incumplimiento durante periodos de inestabilidad financiera.

9. Agricultura y Agroindustria: La inestabilidad financiera puede afectar la demanda y los precios de productos agrícolas, impactando negativamente a empresas en el sector agrícola y agroindustrial.

10. Consultoría y Servicios Profesionales: La disminución en la inversión empresarial durante periodos de inestabilidad financiera puede afectar a empresas de consultoría y servicios profesionales, que dependen de la demanda de clientes corporativos.

En general, una empresa que descuide el riesgo global de inestabilidad financiera enfrenta consecuencias graves. Podría experimentar dificultades para obtener financiamiento, enfrentar mayores costos de endeudamiento, y sufrir pérdidas en inversiones. La falta de preparación para eventos económicos imprevistos podría llevar a una disminución en la rentabilidad, afectar la continuidad operativa e incluso provocar su cierre. La vulnerabilidad a los impactos de la inestabilidad financiera global podría dejar a la empresa expuesta a riesgos sistémicos, perjudicando su posición competitiva y su capacidad para adaptarse en un entorno económico dinámico y cambiante.

Algunas ideas de nuevos negocios basados en este riesgo son:

1. Plataforma de Gestión de Riesgo Financiero: Desarrollar una plataforma digital que ofrezca herramientas avanzadas de análisis y gestión de riesgos financieros globales, ayudando a empresas e inversores a tomar decisiones informadas en entornos volátiles.

2. Servicios de Asesoría en Resiliencia Financiera: Ofrecer servicios de asesoría especializados para ayudar a empresas a fortalecer su resiliencia financiera, identificando riesgos potenciales y desarrollando estrategias para mitigar el impacto de la inestabilidad financiera global.

3. Fondos de Inversión Contracíclicos: Crear fondos de inversión que se enfoquen en oportunidades contracíclicas durante periodos de inestabilidad financiera, invirtiendo en activos que históricamente han mostrado resistencia ante crisis económicas.

José Manuel Vega Báez

4. Plataforma de Financiamiento Colaborativo para Empresas Emergentes: Establecer una plataforma que conecte inversores interesados en apoyar a empresas emergentes durante periodos de inestabilidad financiera, facilitando la financiación colaborativa y diversificación de riesgos.

5. Servicios de Seguros de Riesgo Financiero Global: Ofrecer seguros especializados que cubran a empresas e inversores contra pérdidas derivadas de eventos de inestabilidad financiera global, proporcionando una capa adicional de protección financiera en momentos críticos.

SERIE CIMA
Smart Business
KNOWLEDGE

José Manuel Vega Báez

Megatendencias y Riesgos Sociales

José Manuel Vega Báez

Megatendencias Sociales

1 – Envejecimiento Poblacional

La megatendencia global de envejecimiento poblacional se refiere al cambio demográfico caracterizado por el aumento sostenido de la proporción de personas mayores en la población mundial. Este fenómeno resulta de la prolongación de la esperanza de vida y la disminución de tasas de natalidad. Conlleva implicaciones significativas en áreas como la salud, la economía y la planificación social, ya que se espera un incremento en la demanda de servicios para personas mayores y ajustes en sistemas de seguridad social, transformando la dinámica socioeconómica y de consumo a nivel global.

Algunos giros empresariales que podrían beneficiarse de esta megatendencia son:

1. Servicios de Cuidado de la Salud para Personas Mayores: Experimentarán un aumento en la demanda de servicios médicos, asistencia domiciliaria y atención especializada, aprovechando la creciente población de personas mayores.

2. Tecnologías Asistidas y Dispositivos Médicos: La demanda de tecnologías diseñadas para mejorar la calidad de vida de las personas mayores, como dispositivos de movilidad y salud digital, aumentará significativamente.

3. Industria Farmacéutica: Verá una mayor demanda de medicamentos y tratamientos específicos para condiciones asociadas al envejecimiento, como enfermedades crónicas y trastornos geriátricos.

4. Viviendas y Comunidades para Personas Mayores: Experimentarán un crecimiento en la construcción de residencias adaptadas, comunidades de jubilados y viviendas diseñadas para las necesidades y preferencias de adultos mayores.

5. Ocio y Entretenimiento Adaptado: Se beneficiará con una creciente demanda de opciones de entretenimiento adaptadas a personas mayores, como viajes, eventos culturales y actividades recreativas.

José Manuel Vega Báez

6. Tecnología de Salud Digital para Personas Mayores: Experimentará un aumento en la adopción de tecnologías de salud digital, como monitoreo remoto de la salud y aplicaciones de bienestar, para satisfacer las necesidades de la población de edad avanzada.

7. Educación y Capacitación para Adultos Mayores: Verá un aumento en la demanda de programas educativos y de capacitación adaptados a personas mayores que buscan aprender nuevas habilidades o continuar su desarrollo personal.

8. Turismo de Salud y Bienestar: Experimentará un aumento en la demanda de destinos y servicios turísticos que ofrezcan experiencias de bienestar y atención médica de calidad para adultos mayores.

9. Seguros de Salud y Vida para Personas Mayores: Experimentarán un aumento en la demanda de productos de seguros diseñados para satisfacer las necesidades específicas de la población de edad avanzada.

10. Industria de la Moda y Estilo de Vida para Personas Mayores: Verá un crecimiento en la demanda de ropa, accesorios y productos diseñados pensando en la comodidad y las preferencias estéticas de los adultos mayores.

En general, una empresa que descuide la megatendencia global de envejecimiento poblacional podría perder oportunidades significativas de mercado. Ignorar las necesidades y preferencias de una creciente población de adultos mayores podría resultar en una disminución de la demanda de productos y servicios. Además, la falta de adaptación a las cambiantes dinámicas demográficas podría exponer a la empresa a la competencia de aquellas que sí se ajustan a las expectativas de este segmento de mercado en expansión, poniendo en riesgo su competitividad a largo plazo y su capacidad para responder a las tendencias sociales emergentes.

Algunas ideas de nuevos negocios basados en esta megatendencia son:

1. Plataforma de Conexión para Compañía y Compañerismo: Crear una plataforma digital que conecte a adultos mayores con compañeros de actividades, ofreciendo opciones para compartir experiencias, participar en actividades sociales y combatir la soledad.

2. Servicios de Asesoramiento Financiero Especializado: Ofrecer servicios de asesoramiento financiero específicamente diseñados para personas mayores, abordando temas como planificación de jubilación, gestión de activos y planificación patrimonial.

José Manuel Vega Báez

3. Entrenamiento de Tecnología para Personas Mayores: Establecer programas de formación y asesoramiento en tecnología adaptados a adultos mayores, ayudándoles a aprovechar dispositivos y aplicaciones para mejorar su calidad de vida y participación en la era digital.
4. Servicios de Viajes y Turismo Adaptados: Crear una agencia de viajes especializada en destinos y experiencias adaptadas a las necesidades de personas mayores, proporcionando servicios de viaje seguros y confortables.
5. Plataforma de Entrenamiento Físico Personalizado: Desarrollar una plataforma en línea que ofrezca programas de ejercicio personalizados para adultos mayores, incluyendo tutoriales, monitoreo remoto y comunidades virtuales de apoyo.

2 – Concentración Urbana

La megatendencia global de concentración urbana se refiere al crecimiento continuo y la aglomeración de población en entornos urbanos. Este fenómeno se caracteriza por el aumento de la población en ciudades y áreas metropolitanas, generando retos y oportunidades en términos de planificación urbana, movilidad, infraestructura y calidad de vida. La concentración urbana influye en el desarrollo económico, la innovación y la interconexión global, dando forma a la dinámica social y económica en las áreas urbanas a nivel mundial.

Algunos giros empresariales que podrían beneficiarse de esta megatendencia son:

1. Servicios de Movilidad Urbana Sostenible: Experimentarán un aumento en la demanda de servicios de transporte público eficiente, así como soluciones de movilidad compartida y alternativas sostenibles como bicicletas y scooters eléctricos.

2. Desarrollo Inmobiliario Inteligente: Verán una creciente demanda de espacios urbanos innovadores y sostenibles, como edificios inteligentes, complejos residenciales ecoeficientes y áreas urbanas planificadas para una vida urbana de calidad.

3. Tecnologías de Ciudades Inteligentes: Experimentarán una mayor adopción de tecnologías que optimizan la gestión urbana, como sensores inteligentes, sistemas de energía eficiente y plataformas de información ciudadana.

4. Servicios de Entrega y Logística Urbana: Verán un aumento en la demanda de servicios de entrega rápida y eficiente, adaptados a las necesidades de los consumidores urbanos, impulsando la innovación en la cadena de suministro.

5. Empresas de Coworking y Espacios Flexibles: Experimentarán un aumento en la demanda de espacios de trabajo flexibles y colaborativos, adaptados a las

José Manuel Vega Báez

necesidades de profesionales urbanos que buscan flexibilidad laboral.

6. Tecnología para la Gestión de Residuos Urbanos: Verán una mayor demanda de tecnologías que optimicen la gestión de residuos en entornos urbanos, promoviendo soluciones innovadoras para el reciclaje y la sostenibilidad.

7. Servicios de Ocio y Entretenimiento Urbano: Experimentarán un crecimiento en la demanda de experiencias de ocio y entretenimiento adaptadas a la vida urbana, como eventos culturales, festivales y servicios de streaming.

8. E-commerce y Marketplaces Locales: Verán un aumento en la demanda de plataformas de comercio electrónico y servicios de entrega rápida, adaptados a la conveniencia de los consumidores urbanos.

9. Empresas de Energía Renovable para Ciudades: Experimentarán un aumento en la demanda de soluciones energéticas sostenibles para entornos urbanos, como sistemas de generación de energía renovable y redes inteligentes.

10. Servicios de Salud y Bienestar Urbanos: Verán un crecimiento en la demanda de servicios de salud adaptados a la vida urbana, incluyendo clínicas accesibles, servicios de telemedicina y programas de bienestar comunitarios.

En general, una empresa que ignore la megatendencia global de concentración urbana podría perder oportunidades significativas de mercado. La falta de adaptación a las necesidades y dinámicas específicas de entornos urbanos densos podría resultar en una disminución de la relevancia y la competitividad. Además, la empresa podría enfrentar dificultades para satisfacer las demandas cambiantes de consumidores urbanos, perdiendo terreno frente a competidores que se ajusten a la rápida evolución de las tendencias urbanas. La consideración de esta megatendencia es esencial para la supervivencia y el éxito a largo plazo en un mundo cada vez más urbanizado.

Algunas ideas de nuevos negocios basados en esta megatendencia son:

1. Plataforma de Logística y Entregas Verdes: Crear una plataforma de logística centrada en entregas ecológicas en entornos urbanos, utilizando vehículos eléctricos y estrategias sostenibles para satisfacer la creciente demanda de servicios de entrega en áreas metropolitanas.

2. Aplicación de Compartición de Espacios Urbanos: Desarrollar una aplicación que facilite el intercambio y alquiler de espacios urbanos, como oficinas, salas de reuniones y áreas de almacenamiento, para optimizar el uso eficiente de los recursos en entornos urbanos densos.

José Manuel Vega Báez

3. Servicios de Asesoramiento en Estilo de Vida Urbano: Ofrecer servicios de asesoramiento personalizados para ayudar a los residentes urbanos a optimizar su estilo de vida en la ciudad, abordando aspectos como movilidad, salud y bienestar, y maximización del tiempo.

4. Plataforma de Experiencias Urbanas Personalizadas: Crear una plataforma que ofrezca experiencias personalizadas para residentes urbanos, conectándolos con eventos culturales, actividades de ocio, restaurantes y servicios locales adaptados a sus preferencias y estilo de vida.

5. Emprendimientos de Agricultura Urbana Vertical: Iniciar proyectos de agricultura vertical en entornos urbanos, aprovechando la tendencia hacia la sostenibilidad y la producción local para proporcionar alimentos frescos cultivados en el corazón de la ciudad.

3 – Diversidad Poblacional

La megatendencia global de diversidad poblacional se refiere al crecimiento y la interconexión de poblaciones diversas en términos de etnia, cultura, género y orientación sexual. Este fenómeno transforma la composición demográfica mundial, generando impactos en la sociedad, la economía y la cultura. La diversidad se reconoce como un activo, impulsando la innovación, la inclusión y la adaptabilidad en comunidades y organizaciones, y se posiciona como una fuerza impulsora clave en la configuración del futuro global.

Algunos giros empresariales que podrían beneficiarse de esta megatendencia son:

1. Empresas de Formación en Diversidad e Inclusión: Experimentarán una creciente demanda de servicios de formación y consultoría para promover un entorno laboral inclusivo, mejorando la gestión de la diversidad y la equidad en el lugar de trabajo.

2. Marcas de Moda Inclusivas: Verán un aumento en la demanda de marcas que promuevan la diversidad en sus campañas y líneas de productos, capturando la atención de una audiencia global diversa.

3. Plataformas de Contratación Diversa: Experimentarán un crecimiento en la demanda de plataformas de contratación centradas en la diversidad, conectando a empleadores con talento diverso y fomentando entornos de trabajo inclusivos.

4. Empresas de Consultoría en Desarrollo Cultural: Verán una mayor demanda de servicios de consultoría para ayudar a las organizaciones a adaptarse a la diversidad cultural, mejorando la comunicación y las relaciones interculturales.

5. Servicios de Traducción y Localización: Experimentarán un aumento en la demanda de servicios de

José Manuel Vega Báez

traducción y localización, facilitando la comunicación efectiva en entornos globales y diversos.

6. **Empresas de Ocio y Entretenimiento Inclusivas:** Verán un crecimiento en la demanda de experiencias de entretenimiento que reflejen y celebren la diversidad, atrayendo a audiencias más amplias y diversas.

7. **Empresas de Tecnología de Accesibilidad:** Experimentarán un aumento en la demanda de tecnologías diseñadas para mejorar la accesibilidad y la inclusión, atendiendo a diversas necesidades y habilidades.

8. **Industria de la Salud Culturalmente Competente:** Verán una creciente demanda de servicios de salud que reconozcan y aborden las diversas necesidades culturales y de género, proporcionando atención personalizada y respetuosa.

9. **Empresas de Publicidad Diversificada:** Experimentarán un crecimiento al crear campañas publicitarias que representen y celebren la diversidad, conectando con audiencias diversas y aumentando la aceptación del público.

10. **Marcas de Alimentación Culturalmente Diversa:** Verán un aumento en la demanda de productos alimenticios que reflejen la diversidad cultural, atendiendo a preferencias y necesidades dietéticas específicas de diferentes comunidades.

En general, una empresa que ignore la megatendencia global de diversidad poblacional podría enfrentar consecuencias adversas. La falta de adaptación a la diversidad cultural y demográfica podría resultar en una pérdida de relevancia en mercados cada vez más diversos. Además, la empresa podría enfrentar desafíos en la atracción y retención de talento, así como en la conexión con consumidores de diferentes trasfondos. La no consideración de la diversidad también puede dar lugar a percepciones negativas, afectando la imagen de la empresa y su capacidad para competir en un mundo cada vez más interconectado y multicultural.

Algunas ideas de nuevos negocios basados en esta megatendencia son:

1. Plataforma de Empoderamiento Cultural: Crear una plataforma en línea que destaque y empodere voces culturales diversas, ofreciendo contenido, eventos y recursos para fomentar la comprensión y la apreciación intercultural.

2. Aplicación de Conciliación Cultural: Desarrollar una aplicación que facilite la conciliación cultural, brindando orientación sobre costumbres, tradiciones y prácticas

José Manuel Vega Báez

culturales para promover la comprensión en entornos diversos.

3. Servicio de Consultoría en Comunicación Intercultural: Ofrecer servicios de consultoría especializada en comunicación intercultural para ayudar a las empresas a mejorar la efectividad de sus mensajes y estrategias en mercados y equipos diversos.

4. Plataforma de Networking Profesional Diverso: Crear una plataforma digital que facilite la conexión entre profesionales de diversos orígenes, fomentando redes profesionales inclusivas y oportunidades de colaboración global.

5. Agencia de Viajes Culturalmente Sensible: Iniciar una agencia de viajes que ofrezca experiencias turísticas diseñadas para promover la comprensión cultural, destacando destinos que celebren la diversidad étnica, gastronómica y artística.

Riesgos Sociales

1 – Migración Involuntaria

El riesgo global de migración involuntaria se refiere a la amenaza de desplazamientos forzados de poblaciones debido a factores como conflictos, persecuciones, desastres naturales o crisis económicas. Este fenómeno representa la vulnerabilidad de comunidades enteras a perder sus hogares y estilos de vida, enfrentándose a condiciones adversas y, a menudo, buscando refugio en otras regiones o países. Este riesgo plantea desafíos significativos para la estabilidad global, la gestión de crisis humanitarias y la necesidad de soluciones efectivas para abordar las causas fundamentales de la migración involuntaria.

José Manuel Vega Báez

Algunos giros empresariales que podrían dañarse con este riesgo son:

1. Industria Inmobiliaria y Construcción: La migración involuntaria puede desencadenar la disminución de la demanda de viviendas y proyectos de construcción, afectando la estabilidad del mercado inmobiliario.

2. Turismo y Hospitalidad: Destinos turísticos pueden sufrir una disminución en la afluencia de visitantes, afectando hoteles, restaurantes y actividades recreativas debido a la inseguridad y la pérdida de atractivo.

3. Agricultura y Producción de Alimentos: La migración involuntaria puede desplazar a trabajadores agrícolas, afectando la producción y la cadena de suministro de alimentos, lo que lleva a posibles escaseces y aumentos de precios.

4. Industria de la Energía: La migración involuntaria puede interrumpir la infraestructura energética y el suministro, afectando la producción y distribución de energía.

5. Empresas de Tecnología y Comunicaciones: La migración involuntaria puede llevar a interrupciones en la conectividad y la infraestructura tecnológica, afectando a empresas de telecomunicaciones y servicios en línea.

6. Industria Manufacturera: Desplazamientos masivos pueden resultar en la pérdida de mano de obra

cualificada, impactando negativamente la producción y eficiencia de las operaciones manufactureras.

7. Sector Financiero y Seguros: La inestabilidad causada por la migración involuntaria puede afectar a instituciones financieras y compañías de seguros debido a la volatilidad económica y riesgos asociados.

8. Comercio Minorista y Cadenas de Suministro: Interrupciones en las cadenas de suministro, resultado de la migración involuntaria, pueden afectar a minoristas con escasez de productos y aumento de costos logísticos.

9. Educación y Formación Profesional: La migración involuntaria puede obstaculizar el acceso a la educación y la capacitación, afectando la fuerza laboral futura y la demanda de servicios educativos.

10. Empresas de Servicios Sociales y de Salud: La migración involuntaria puede aumentar la carga en sistemas de salud y servicios sociales, creando desafíos financieros y operativos para estas organizaciones.

En general, una empresa que no considere el riesgo global de migración involuntaria podría enfrentar diversas consecuencias. Podría experimentar interrupciones en sus cadenas de suministro y operaciones debido a la pérdida de talento y a la inestabilidad en las regiones afectadas. La falta de preparación para el desplazamiento masivo de

José Manuel Vega Báez

poblaciones también podría resultar en la disminución de la demanda de productos y servicios en áreas específicas, afectando las proyecciones de ventas y la rentabilidad. Además, la empresa podría enfrentar desafíos reputacionales si no aborda adecuadamente las implicaciones éticas y humanitarias asociadas con la migración involuntaria.

Algunas ideas de nuevos negocios basados en este riesgo son:

1. Plataforma de Asesoramiento y Orientación para Refugiados: Crear una plataforma en línea que proporcione información esencial y asesoramiento legal, social y cultural para ayudar a los refugiados a integrarse en nuevas comunidades tras la migración involuntaria.

2. Servicio de Construcción de Viviendas Móviles Sostenibles: Desarrollar un servicio que ofrezca construcción rápida y sostenible de viviendas móviles para personas desplazadas, proporcionando soluciones habitacionales temporales adaptadas a sus necesidades.

3. Plataforma de Empoderamiento Económico para Refugiados: Crear una plataforma que conecte a refugiados con oportunidades de empleo, emprendimiento y formación profesional, fomentando la autosuficiencia económica en nuevos entornos.

4. Servicios de Salud Mental y Bienestar para Desplazados: Establecer servicios especializados en salud mental y bienestar, ofreciendo apoyo psicológico y programas de atención emocional para aquellos afectados por la migración involuntaria.

5. Agencia de Seguros y Asesoramiento para Migrantes Involuntarios: Ofrecer servicios de seguros personalizados que aborden las necesidades específicas de personas desplazadas, cubriendo riesgos asociados con la migración involuntaria, como pérdida de propiedad y asistencia legal.

2 – Fecundidad Descendente

El riesgo global de fecundidad descendente se refiere a la amenaza de disminución sostenida en las tasas de fertilidad a nivel mundial. Este fenómeno implica la caída continua de las tasas de natalidad, afectando la estructura demográfica y generando desafíos socioeconómicos, como el envejecimiento de la población, la presión sobre los sistemas de pensiones y la reducción del potencial de crecimiento económico. La fecundidad descendente plantea interrogantes sobre la sostenibilidad de las sociedades y destaca la importancia de políticas que aborden los cambios en los patrones reproductivos a nivel global.

José Manuel Vega Báez

Algunos giros empresariales que podrían dañarse con este riesgo son:

1. Industria de Artículos para Bebés: La disminución en las tasas de natalidad podría reducir la demanda de productos para bebés, afectando a empresas que fabrican y venden artículos como ropa, juguetes y artículos para el cuidado infantil.

2. Servicios Educativos: Menos nacimientos pueden dar lugar a una menor demanda de servicios educativos, desde escuelas primarias hasta instituciones de educación superior, afectando la matrícula y la estabilidad financiera de estas instituciones.

3. Industria de Juguetes y Entretenimiento Infantil: Una baja tasa de natalidad impactaría negativamente la demanda de juguetes y productos de entretenimiento para niños, afectando a empresas que dependen de esta clientela.

4. Empresas de Ropa Infantil: La caída en los nacimientos podría reducir la demanda de ropa infantil, afectando a empresas de moda que se centran en este segmento del mercado.

5. Industria Farmacéutica para la Infancia: Menos nacimientos podrían resultar en una menor demanda de productos farmacéuticos destinados a la salud infantil,

impactando a empresas que fabrican medicamentos y suplementos para niños.

6. Sector de Bienes Raíces Residenciales: La disminución en la formación de nuevas familias puede afectar la demanda de viviendas, impactando a la industria de bienes raíces residenciales.

7. Industria de Cuidado Infantil: Menos niños pueden llevar a una menor demanda de servicios de cuidado infantil, afectando a empresas que proporcionan servicios de guardería y cuidado para niños.

8. Compañías de Seguros de Vida y Planificación Financiera: La fecundidad descendente puede afectar las primas y los productos de seguros de vida, así como la planificación financiera a largo plazo, ya que menos personas podrían buscar estos servicios.

9. Empresas de Alimentos para Bebés y Fórmulas Infantiles: La disminución en la natalidad puede reducir la demanda de alimentos para bebés y fórmulas infantiles, afectando a empresas dedicadas a la fabricación de estos productos.

10. Sector de la Salud Pediátrica: Menos nacimientos podrían afectar la demanda de servicios de salud pediátrica, incluyendo consultas médicas, tratamientos y procedimientos especializados para niños.

José Manuel Vega Báez

En general, una empresa que ignore el riesgo global de fecundidad descendente podría enfrentar desafíos significativos. Podría experimentar una disminución en la demanda de productos y servicios orientados a la maternidad y la infancia, afectando sus ingresos y rentabilidad. Además, la falta de adaptación a las cambiantes dinámicas demográficas podría resultar en inversiones ineficientes y estrategias de mercado desactualizadas. La empresa podría perder oportunidades para diversificarse y atender las necesidades emergentes de una población envejecida, poniendo en riesgo su competitividad y sostenibilidad a largo plazo.

Algunas ideas de nuevos negocios basados en este riesgo son:

1. Consultoría de Planificación Familiar Personalizada: Ofrecer servicios de asesoramiento especializado en planificación familiar adaptada a las nuevas tendencias demográficas, ayudando a las parejas a tomar decisiones informadas sobre el tamaño de sus familias.

2. Tecnología de Fertilidad y Reproducción Asistida: Desarrollar tecnologías innovadoras para la fertilidad que apoyen a parejas que buscan concebir en un contexto de fecundidad descendente, incluyendo soluciones de monitoreo y tratamientos personalizados.

3. **Programas Educativos sobre Fertilidad y Salud Reproductiva:** Crear programas educativos para abordar la conciencia sobre la salud reproductiva y la fertilidad, ofreciendo información integral sobre opciones, cuidados y decisiones relacionadas con la familia.

4. **Servicios de Cuidado Geriátrico y Apoyo para el Envejecimiento de la Población:** Anticiparse al envejecimiento de la población debido a la fecundidad descendente, ofreciendo servicios de cuidado geriátrico, programas de bienestar y apoyo para comunidades mayores.

5. **Innovación en Juegos y Entretenimiento para Adultos Mayores:** Desarrollar productos y servicios de entretenimiento específicos para adultos mayores, reconociendo el cambio demográfico hacia una población más envejecida y activa.

3 – Pandemias Latentes

El riesgo global de pandemias latentes se refiere a la amenaza persistente de brotes de enfermedades contagiosas que pueden surgir de manera imprevista y expandirse a nivel mundial. Este riesgo destaca la posibilidad de que virus o patógenos actualmente no identificados puedan surgir, presentando desafíos significativos para la salud pública, la capacidad de respuesta global y la estabilidad económica. El término "latente" indica que estas amenazas pueden permanecer ocultas hasta que se manifiesten, subrayando la importancia de la preparación y

José Manuel Vega Báez

la cooperación internacional para mitigar los impactos de posibles pandemias.

Algunos giros empresariales que podrían dañarse con este riesgo son:

1. Industria del Turismo y Hostelería: Las pandemias latentes pueden resultar en restricciones de viaje y temores de contagio, afectando negativamente la demanda de servicios turísticos y de hospedaje.

2. Aerolíneas y Transporte Internacional: Las restricciones de viaje y la disminución de la movilidad global pueden afectar las operaciones de aerolíneas y servicios de transporte internacional, impactando sus ingresos y rentabilidad.

3. Entretenimiento en Vivo y Eventos Masivos: Pandemias latentes pueden llevar a la cancelación de eventos masivos y espectáculos en vivo, afectando a la industria del entretenimiento y a empresas organizadoras de eventos.

4. Industria de la Moda y el Lujo: Las crisis sanitarias pueden reducir la demanda de productos de moda y artículos de lujo, afectando a empresas que dependen de consumidores con poder adquisitivo.

5. Gastronomía y Restaurantes: Restricciones y preocupaciones sobre la seguridad alimentaria durante

pandemias pueden afectar la industria de la gastronomía, resultando en una disminución de la clientela y los ingresos.

6. Educación Presencial y Programas de Intercambio: Las medidas de distanciamiento social y restricciones de viaje pueden afectar las instituciones educativas y programas de intercambio, impactando matrículas y colaboraciones internacionales.

7. Industria de Cruceros: La propagación de enfermedades puede generar temores sobre la seguridad en cruceros, afectando la demanda y la reputación de esta industria.

8. Deportes y Eventos Deportivos: Pandemias latentes pueden llevar a la suspensión o cancelación de eventos deportivos, afectando a la industria deportiva y patrocinadores asociados.

9. Sector de la Salud: Aunque paradójico, el sector de la salud puede verse afectado por la saturación y presión durante pandemias, enfrentando desafíos logísticos, financieros y de recursos.

10. Negocios de Comercio Minorista Físico: Las medidas de confinamiento y cierres pueden afectar negativamente a tiendas físicas, llevando a una disminución en las ventas y la rentabilidad.

En general, una empresa que no considere el riesgo global de pandemias latentes podría enfrentar consecuencias devastadoras. La falta de preparación para eventos pandémicos podría resultar en interrupciones operativas, cierres forzados y pérdida de ingresos. La salud de los empleados y la cadena de suministro podrían verse comprometidas, afectando la capacidad de la empresa para operar de manera efectiva. Además, la reputación y la confianza de los clientes podrían deteriorarse si la empresa no demuestra capacidad para gestionar crisis de salud pública, lo que podría tener impactos a largo plazo en su viabilidad y éxito empresarial.

Algunas ideas de nuevos negocios basados en este riesgo son:

1. Servicios de Desarrollo y Mantenimiento de Infraestructuras Sanitarias: Establecer un negocio que se enfoque en la construcción y mantenimiento de infraestructuras sanitarias, preparando hospitales y centros de salud para abordar rápidamente brotes de pandemias.

2. Tecnologías de Monitoreo y Alerta Temprana: Desarrollar tecnologías avanzadas de monitoreo y alerta temprana para identificar patrones epidemiológicos y detectar posibles brotes de enfermedades, permitiendo respuestas rápidas.

3. Plataformas de Educación en Salud Pública: Crear plataformas educativas en línea que proporcionen información precisa sobre salud pública, prevención de enfermedades y protocolos de seguridad durante pandemias, beneficiando a individuos y comunidades.

4. Servicios de Entrenamiento en Bioseguridad: Ofrecer servicios de entrenamiento especializado en bioseguridad para empresas, organizaciones y profesionales de la salud, preparándolos para enfrentar situaciones de pandemia.

5. Empresas de Desarrollo y Producción de Vacunas Emergentes: Establecer empresas centradas en el desarrollo y producción de vacunas innovadoras, con la capacidad de adaptarse rápidamente a nuevas cepas virales durante pandemias.

José Manuel Vega Báez

Megatendencias y
Riesgos Ambientales

SERIE CIMA
Smart Business
KNOWLEDGE

José Manuel Vega Báez

Megatendencias Ambientales

1 – Responsabilidad Ambiental

La megatendencia global de responsabilidad ambiental se refiere al creciente enfoque de individuos, empresas y gobiernos en adoptar prácticas sostenibles para mitigar el impacto ambiental. Incluye acciones como la reducción de emisiones de carbono, la conservación de recursos naturales y la adopción de tecnologías verdes. La responsabilidad ambiental impulsa la transición hacia una economía más sostenible, donde la toma de decisiones se guía por consideraciones ecológicas para preservar y restaurar el medio ambiente, reconociendo la interconexión entre el bienestar humano y la salud del planeta.

Algunos giros empresariales que podrían beneficiarse de esta megatendencia son:

1. Energías Renovables: Experimentarían un aumento en la demanda debido a la transición hacia fuentes de energía limpias, como solar y eólica.

2. Tecnología Ambiental: La innovación en tecnologías para la gestión de residuos, monitoreo ambiental y eficiencia energética sería esencial, generando oportunidades de crecimiento.

3. Empresas de Construcción Sostenible: La construcción de edificaciones ecológicas y eficientes en términos energéticos experimentaría una mayor demanda.

4. Agricultura Sostenible: Se beneficiarían de prácticas agrícolas más respetuosas con el medio ambiente, alineadas con la conservación de suelos y recursos hídricos.

5. Industria del Reciclaje: Experimentaría un aumento en la demanda a medida que la conciencia sobre la gestión de residuos y la economía circular crece.

6. Empresas de Movilidad Sostenible: El auge de vehículos eléctricos y soluciones de transporte más sostenibles impulsaría su crecimiento.

7. Alimentación Orgánica y Sostenible: La demanda de alimentos producidos de manera ética y sostenible crearía oportunidades para empresas en la cadena alimentaria.

José Manuel Vega Báez

8. Industria de la Moda Sostenible: Marcas que adopten prácticas sostenibles y materiales ecológicos verían un aumento en la preferencia del consumidor. 9. Tecnologías de Conservación del Agua: El aumento de la conciencia sobre la escasez de agua impulsaría la demanda de tecnologías eficientes en su uso. 10. Servicios Ambientales y Consultoría: Experimentarían un aumento en la demanda de asesoramiento especializado en gestión ambiental y sostenibilidad.

En general, una empresa que descuide la megatendencia de responsabilidad ambiental podría enfrentar consecuencias adversas. Podría perder competitividad y preferencia del consumidor, ya que la conciencia ambiental influye cada vez más en las decisiones de compra. Además, enfrentaría riesgos regulatorios y legales a medida que las normativas ambientales se vuelven más estrictas. La falta de sostenibilidad podría resultar en pérdida de eficiencia operativa y oportunidades de negocio, excluyendo a la empresa de mercados emergentes impulsados por la responsabilidad ambiental y socavando su reputación en un contexto donde la sostenibilidad es un imperativo empresarial.

Algunas ideas de nuevos negocios basados en esta megatendencia son:

1. Consultoría en Huella de Carbono Corporativa: Ofrecer servicios de consultoría especializada para calcular, reducir y compensar la huella de carbono de empresas, apoyándolas en la transición hacia operaciones más sostenibles.

2. Desarrollo de Envases Sostenibles: Crear un negocio centrado en el diseño y fabricación de envases ecológicos y biodegradables, abordando la problemática de los residuos plásticos.

3. Plataforma de Comercio Ético y Sostenible: Establecer una plataforma en línea que conecte a consumidores con empresas que sigan prácticas comerciales éticas y ofrezcan productos sostenibles.

4. Servicios de Eficiencia Energética para Hogares: Ofrecer servicios que evalúen y mejoren la eficiencia energética de viviendas, incorporando tecnologías renovables y prácticas sostenibles.

5. Emprendimiento Agroecológico: Iniciar una empresa agrícola basada en prácticas agroecológicas, promoviendo la agricultura sostenible, orgánica y respetuosa con el medio ambiente.

José Manuel Vega Báez

2 – Energías Renovables

La megatendencia global de energías renovables se refiere a la transición masiva hacia fuentes de energía limpias y sostenibles, como solar, eólica e hidroeléctrica, en respuesta a los desafíos ambientales y la necesidad de reducir la dependencia de combustibles fósiles. Esta transformación busca mitigar el cambio climático, mejorar la seguridad energética y promover una infraestructura más sostenible. La megatendencia impulsa la innovación en tecnologías renovables, transforma los sectores energéticos y remodela la manera en que se produce y consume la energía a nivel mundial.

Algunos giros empresariales que podrían beneficiarse de esta megatendencia son:

1. Desarrolladores de Proyectos de Energía Solar: Experimentarían una creciente demanda para el desarrollo e implementación de proyectos solares a medida que aumenta la adopción de esta fuente de energía.

2. Empresas de Fabricación de Paneles Solares: Verían un incremento en la producción y ventas de paneles solares a medida que la demanda mundial de esta tecnología se expande.

3. Empresas de Turbinas Eólicas: Experimentarían un aumento en la demanda de turbinas eólicas a medida que la energía eólica se convierte en una fuente esencial de generación eléctrica.

4. Desarrolladores de Proyectos de Energía Eólica Marina: Verían oportunidades en el desarrollo de proyectos de energía eólica marina, aprovechando los vastos recursos eólicos en alta mar.

5. Empresas de Almacenamiento de Energía: Con el crecimiento de las energías renovables intermitentes, la demanda de soluciones de almacenamiento de energía, como baterías, aumentaría.

6. Fabricantes de Vehículos Eléctricos: Experimentarían una mayor demanda a medida que los consumidores adoptan vehículos eléctricos impulsados por la necesidad de reducir emisiones y depender de energías renovables.

7. Empresas de Eficiencia Energética: Verían un aumento en la demanda de servicios y productos que mejoren la eficiencia energética en hogares, edificios y empresas.

8. Empresas de Servicios de Red Inteligente: Desarrollarían soluciones para gestionar eficientemente la integración de energías renovables en las redes eléctricas.

9. Empresas de Financiamiento de Proyectos Renovables: Experimentarían un aumento en la financiación de proyectos renovables, ya que se vuelven más atractivos desde el punto de vista financiero.

José Manuel Vega Báez

10. Empresas de Consultoría en Sostenibilidad: Verían crecer la demanda de servicios de consultoría especializada en estrategias y prácticas sostenibles, especialmente relacionadas con la energía renovable.

En general, una empresa que ignore la megatendencia de energías renovables enfrentaría riesgos significativos. Podría volverse menos competitiva a medida que los consumidores y reguladores favorecen a negocios comprometidos con la sostenibilidad. La dependencia continua de fuentes de energía no renovables podría resultar en costos operativos más altos y vulnerabilidad a la volatilidad de los precios de los combustibles fósiles. Además, podría perder oportunidades de mercado y financiamiento a medida que aumenta la demanda global de soluciones respetuosas con el medio ambiente. La falta de transición hacia energías renovables también podría afectar negativamente la reputación y relaciones comerciales de la empresa.

Algunas ideas de nuevos negocios basados en esta megatendencia son:

1. Servicios de Mantenimiento y Optimización de Parques Eólicos: Ofrecer servicios especializados en el mantenimiento, monitoreo y optimización de parques eólicos, garantizando su eficiencia y durabilidad.

2. Desarrollo de Soluciones de Almacenamiento de Energía Innovadoras: Crear tecnologías avanzadas de almacenamiento de energía, como baterías de próxima generación, para abordar los desafíos de intermitencia en las fuentes renovables.

3. Emprendimientos de Electrificación Rural con Energía Solar: Implementar proyectos que lleven la electrificación a comunidades rurales a través de soluciones de energía solar, proporcionando acceso a electricidad limpia y sostenible.

4. Servicios de Eficiencia Energética para Empresas: Ofrecer servicios de consultoría y soluciones tecnológicas para mejorar la eficiencia energética en empresas, reduciendo su dependencia de fuentes no renovables.

5. Empresas de Desarrollo de Infraestructura para Estaciones de Recarga de Vehículos Eléctricos: Participar en la construcción y gestión de estaciones de recarga para vehículos eléctricos, apoyando la transición hacia el transporte sostenible.

José Manuel Vega Báez

3 – Economía Circular

La megatendencia global de economía circular implica un cambio fundamental en los modelos económicos, priorizando la sostenibilidad. En lugar de seguir un modelo lineal de "extraer, fabricar, usar y desechar", la economía circular promueve la reutilización, reciclaje y reducción de residuos. Busca cerrar los ciclos de vida de productos y materiales, minimizando el impacto ambiental y fomentando la eficiencia en el uso de recursos. Esta megatendencia impulsa la innovación, la colaboración y la adopción de prácticas que promueven la regeneración ambiental y la prosperidad económica a largo plazo.

Algunos giros empresariales que podrían beneficiarse de esta megatendencia son:

1. Empresas de Reciclaje Innovadoras: Experimentarían una mayor demanda a medida que la economía circular impulsa la necesidad de reciclaje eficiente y la reutilización de materiales.

2. Empresas de Diseño Sostenible: Verían un aumento en la demanda de servicios que integran principios de diseño circular, creando productos duraderos y fácilmente reciclables.

3. Empresas de Alquiler y Servicio: Experimentarían un aumento en la preferencia del consumidor al proporcionar alternativas a la propiedad, promoviendo el uso extendido de productos y reduciendo el desperdicio.

4. Desarrolladores de Tecnologías de Reciclaje Avanzadas: La demanda creciente de tecnologías innovadoras para el reciclaje eficiente y la recuperación de materiales aumentaría.

5. Empresas de Moda Sostenible: Aquellas que adopten prácticas de economía circular, como la reutilización de textiles y la moda circular, verían una mayor aceptación en el mercado.

6. Empresas de Logística y Envases Reutilizables: Experimentarían un aumento en la demanda de soluciones logísticas que favorezcan el uso de envases reutilizables y sistemas de entrega eficientes.

7. Empresas de Tecnologías de la Información para Gestión de Residuos: Verían oportunidades para ofrecer soluciones digitales que optimicen la gestión de residuos y faciliten el seguimiento de productos a lo largo de su ciclo de vida.

8. Empresas de Energía Renovable y Eficiencia Energética: Experimentarían un aumento en la demanda a medida que la economía circular busca reducir la dependencia de recursos no renovables y promover prácticas energéticas eficientes.

9. Empresas de Mobiliario Reutilizable y Reciclable: Verían un crecimiento en la demanda al ofrecer muebles diseñados para la reutilización, el reciclaje y la durabilidad.

José Manuel Vega Báez

10. Empresas de Agricultura Regenerativa: Experimentarían una mayor demanda al adoptar prácticas agrícolas que regeneren los ecosistemas, minimizando residuos y maximizando la sostenibilidad.

En general, una empresa que ignore la megatendencia de economía circular enfrentaría riesgos significativos. Podría enfrentar desafíos de sostenibilidad y eficiencia en el uso de recursos, perdiendo competitividad frente a aquellas que adoptan prácticas circulares. La creciente presión regulatoria y la preferencia del consumidor por marcas sostenibles podrían afectar negativamente su reputación. Además, la dependencia continua de modelos lineales de producción y consumo podría resultar en costos elevados de gestión de residuos y pérdida de oportunidades de negocio en un entorno donde la sostenibilidad se convierte en un imperativo económico.

Algunas ideas de nuevos negocios basados en esta megatendencia son:

1. Servicio de Alquiler de Ropa de Diseñador: Ofrecer un servicio de alquiler de prendas de diseñadores reconocidos, fomentando la moda circular y reduciendo la producción de prendas de un solo uso.

2. Plataforma Digital para Intercambio de Productos Usados: Crear una plataforma en línea que facilite el intercambio y la venta de productos usados, desde ropa hasta electrónicos, promoviendo la reutilización.

3. Emprendimiento de Reciclaje de Electrónicos Especializado: Establecer un negocio centrado en el reciclaje y la recuperación de materiales valiosos de dispositivos electrónicos, reduciendo la generación de residuos electrónicos.

4. Empresas de Diseño de Envases Sostenibles: Ofrecer servicios de diseño de envases innovadores y sostenibles que minimicen el impacto ambiental y favorezcan la economía circular.

5. Plataforma de Logística Inversa para Devolución y Reciclaje: Desarrollar una plataforma logística inversa que facilite la devolución de productos y su reciclaje, cerrando los ciclos de vida de los productos y reduciendo los residuos.

José Manuel Vega Báez

Riesgos Ambientales

1 – Cambio Climático

El riesgo global de cambio climático se refiere a la amenaza generalizada que enfrenta el planeta debido a las alteraciones en los patrones climáticos causadas por actividades humanas, principalmente la emisión de gases de efecto invernadero. Este riesgo incluye eventos extremos como aumentos de temperatura, fenómenos climáticos intensificados, elevación del nivel del mar e impactos en la biodiversidad. Ignorar este riesgo implica consecuencias devastadoras, como pérdida de recursos naturales, daños a la infraestructura y la capacidad de adaptación humana, y amenazas a la estabilidad global.

Algunos giros empresariales que podrían dañarse con este riesgo son:

1. Industria Agrícola: Cambios en los patrones climáticos afectarían la productividad agrícola debido a sequías, inundaciones y eventos climáticos extremos, amenazando la seguridad alimentaria y aumentando los costos de producción.

2. Sector de Seguros: Aumento de eventos climáticos extremos resultaría en mayores reclamaciones, pérdidas financieras significativas y desafíos para calcular riesgos a largo plazo debido a la volatilidad climática.

3. Industria Energética: La generación de energía, especialmente en fuentes vulnerables como la hidroeléctrica, podría verse afectada por cambios en la disponibilidad de recursos hídricos y condiciones climáticas extremas.

4. Turismo y Hospitalidad: Aumento de eventos climáticos extremos y cambios en los patrones de temperatura podrían dañar destinos turísticos, afectando la demanda y la infraestructura asociada.

5. Industria Pesquera: Cambios en la temperatura del agua y la acidificación de los océanos podrían reducir las poblaciones de peces, afectando la pesca y creando tensiones en la seguridad alimentaria.

José Manuel Vega Báez

6. Construcción e Infraestructura: Mayor frecuencia de eventos climáticos extremos podría resultar en daños a la infraestructura, costos de reconstrucción y desafíos en la planificación a largo plazo.

7. Sector Financiero: La exposición a riesgos climáticos podría afectar las inversiones y la viabilidad a largo plazo de las empresas, particularmente aquellas vinculadas a activos vulnerables al cambio climático.

8. Industria Automotriz: Mayor presión para reducir emisiones debido a regulaciones más estrictas y cambios en la demanda hacia vehículos más sostenibles para abordar los impactos del cambio climático.

9. Industria de Alimentos y Bebidas: La volatilidad climática afectaría la producción y distribución de ingredientes clave, aumentando los costos y creando desafíos en la cadena de suministro.

10. Bienes Raíces: La exposición a eventos climáticos extremos y el aumento del riesgo de inundaciones podrían depreciar el valor de las propiedades, afectando la inversión y la planificación urbana.

En general, una empresa que no considere el riesgo global de cambio climático enfrentaría múltiples consecuencias perjudiciales. Podría experimentar interrupciones en la cadena de suministro debido a eventos climáticos extremos, enfrentar mayores costos operativos debido a regulaciones más estrictas y sufrir daños a la reputación a medida que los consumidores priorizan empresas sostenibles. Además, la falta de adaptación a los riesgos climáticos podría resultar en pérdidas financieras significativas, dificultades para acceder a financiamiento y la incapacidad para aprovechar oportunidades emergentes en una economía cada vez más orientada hacia la sostenibilidad.

Algunas ideas de nuevos negocios basados en este riesgo son:

1. Consultoría en Adaptación Climática para Empresas: Ofrecer servicios de consultoría especializada para ayudar a empresas a evaluar y adaptarse a los riesgos climáticos, implementando estrategias para fortalecer la resiliencia.

2. Desarrollo de Tecnologías de Monitoreo Climático: Crear tecnologías innovadoras para monitorear y prever eventos climáticos extremos, proporcionando a empresas información clave para la toma de decisiones.

3. Servicios de Agricultura Sostenible: Brindar soluciones agrícolas que promuevan la sostenibilidad y ayuden a los agricultores a adaptarse a condiciones climáticas cambiantes, optimizando la producción y reduciendo riesgos.

José Manuel Vega Báez

4. Plataforma de Seguros Climáticos Personalizados: Desarrollar una plataforma que ofrezca seguros personalizados basados en riesgos climáticos, proporcionando a empresas y agricultores protección financiera contra eventos climáticos adversos.

5. Empresas de Infraestructura Resiliente al Clima: Especializarse en el diseño y construcción de infraestructuras robustas y resistentes al clima, abordando los desafíos de eventos extremos y contribuyendo a la sostenibilidad.

2 – Pérdida de Biodiversidad

El riesgo global de pérdida de biodiversidad se refiere a la amenaza crítica que enfrenta la variedad de formas de vida en la Tierra debido a factores humanos como la destrucción del hábitat, la contaminación y el cambio climático. Esta pérdida afecta a ecosistemas clave y a la capacidad de la naturaleza para proporcionar servicios esenciales. Ignorar este riesgo conlleva consecuencias devastadoras, incluida la pérdida de recursos naturales, disrupciones en las cadenas alimentarias y la reducción de la resiliencia global frente a desafíos ambientales.

Algunos giros empresariales que podrían dañarse con este riesgo son:

1. Industria Farmacéutica: Pérdida de biodiversidad afecta la fuente de muchos compuestos medicinales, incrementando costos de investigación y limitando descubrimientos de nuevos fármacos.

2. Agricultura y Agroindustria: Disminución de polinizadores y diversidad genética agrícola amenaza la producción de alimentos, aumentando la vulnerabilidad de la cadena alimentaria global.

3. Turismo de Naturaleza: La degradación de ecosistemas naturales reduce la atracción turística, afectando la industria de ecoturismo y los ingresos asociados.

4. Industria Pesquera: Pérdida de hábitats marinos y declive de especies pesqueras afectan la disponibilidad de productos pesqueros, impactando la sostenibilidad y rentabilidad del sector.

5. Sector de Biotecnología: Pérdida de biodiversidad limita el acceso a recursos genéticos esenciales para la investigación y desarrollo de nuevas tecnologías biotecnológicas.

6. Industria de la Moda: La pérdida de variedad de fibras naturales y la degradación de ecosistemas afectan la disponibilidad y sostenibilidad de materias primas para la moda.

7. Industria Forestal: Deforestación y pérdida de biodiversidad impactan negativamente en la industria maderera, aumentando la presión sobre recursos forestales.

José Manuel Vega Báez

8. Sector de Construcción: La degradación del entorno natural afecta la disponibilidad de materiales de construcción sostenibles y aumenta la presión sobre hábitats.

9. Industria Química: La pérdida de biodiversidad puede limitar la disponibilidad de materias primas químicas naturales, afectando la producción y sostenibilidad de la industria.

10. Empresas de Energía Renovable: La degradación de ecosistemas puede afectar la viabilidad de proyectos de energía renovable, especialmente aquellos basados en fuentes como la biomasa.

En general, una empresa que ignore el riesgo global de pérdida de biodiversidad enfrentaría consecuencias significativas. Podría experimentar interrupciones en la cadena de suministro debido a la escasez de recursos naturales, enfrentar riesgos legales y regulatorios asociados con la degradación ambiental, y sufrir daños en la reputación a medida que los consumidores demandan prácticas comerciales sostenibles. Además, la falta de consideración hacia la biodiversidad podría resultar en impactos negativos en la productividad, la resiliencia operativa y la capacidad de adaptarse a un entorno empresarial cada vez más enfocado en la sostenibilidad.

Algunas ideas de nuevos negocios basados en este riesgo son:

1. Servicios de Restauración Ecológica: Ofrecer servicios especializados para restaurar ecosistemas degradados, ayudando a empresas a compensar su impacto ambiental y contribuir a la conservación de la biodiversidad.

2. Tecnologías de Monitoreo de Biodiversidad: Desarrollar herramientas tecnológicas avanzadas, como sensores y plataformas digitales, para monitorear la biodiversidad y proporcionar datos valiosos para la toma de decisiones empresariales.

3. Eco-turismo Responsable: Crear empresas de turismo centradas en la conservación y restauración de la biodiversidad, ofreciendo experiencias sostenibles que generen conciencia y fondos para proyectos de conservación.

4. Desarrollo de Jardines y Espacios Verdes Urbanos: Ofrecer servicios de diseño e implementación de áreas verdes urbanas que promuevan la biodiversidad y mejoren la calidad de vida en entornos urbanos.

5. Empresas de Compensación de Biodiversidad: Establecer negocios especializados en la compensación de impactos ambientales de otras empresas, involucrando

José Manuel Vega Báez

acciones específicas para conservar o restaurar la biodiversidad.

3 – Escasez de Recursos Naturales

El riesgo global de escasez de recursos naturales se refiere a la amenaza generalizada de agotamiento de elementos esenciales como agua, minerales, tierras fértiles y combustibles fósiles. Este riesgo surge de la sobreexplotación, la degradación ambiental y el aumento de la demanda global. La escasez de estos recursos críticos puede impactar la seguridad alimentaria, la producción industrial y la estabilidad económica, creando desafíos significativos para la sostenibilidad y la resiliencia de las sociedades y las empresas a nivel mundial. Ignorar este riesgo puede conducir a crisis ambientales, económicas y sociales.

Algunos giros empresariales que podrían dañarse con este riesgo son:

1. Industria Agroalimentaria: La escasez de tierras fértiles y agua afecta la producción agrícola, elevando los costos y disminuyendo la disponibilidad de alimentos.

2. Manufactura de Tecnología Electrónica: La escasez de minerales raros utilizados en la fabricación de dispositivos electrónicos puede aumentar los precios y afectar la producción de tecnología.

3. Industria Textil: La falta de acceso a fibras naturales y agua para el procesamiento textil puede provocar interrupciones en la cadena de suministro y aumentar los costos de producción.

4. Sector Energético: La escasez de combustibles fósiles y minerales esenciales para la generación de energía puede afectar la disponibilidad y aumentar la dependencia de fuentes alternativas.

5. Industria de la Construcción: La falta de acceso a materiales de construcción, como madera y minerales, puede limitar la actividad constructiva y aumentar los costos.

6. Sector del Agua Embotellada: La escasez de agua potable afecta la producción y distribución de agua embotellada, impactando la rentabilidad y la sostenibilidad del sector.

7. Industria Química: La falta de materias primas naturales puede afectar la producción de productos químicos, aumentando los costos y limitando la disponibilidad de productos.

8. Sector Automotriz: La escasez de minerales y metales utilizados en la fabricación de vehículos puede afectar la producción y aumentar los precios de los automóviles.

José Manuel Vega Báez

9. Industria Farmacéutica: La falta de acceso a plantas medicinales y otros recursos naturales utilizados en medicamentos puede afectar la investigación y producción farmacéutica.

10. Turismo Sostenible: La escasez de recursos naturales en destinos turísticos puede afectar la atracción turística, impactando la sostenibilidad económica de la industria del turismo.

En general, una empresa que desconsidere el riesgo global de escasez de recursos naturales enfrentaría desafíos operativos y financieros. Podría sufrir interrupciones en la cadena de suministro debido a la falta de materias primas, experimentar aumentos de costos debido a la competencia por recursos limitados y enfrentar riesgos regulatorios y reputacionales al no alinearse con prácticas sostenibles. Ignorar este riesgo también podría exponerla a volatilidades económicas y a la presión creciente de consumidores y reguladores que demandan empresas responsables ambientalmente. En última instancia, la falta de consideración podría afectar la viabilidad a largo plazo de la empresa.

Algunas ideas de nuevos negocios basados en este riesgo son:

1. Reciclaje Innovador: Desarrollar tecnologías y procesos innovadores para reciclar materiales, aprovechando la creciente demanda de soluciones sostenibles frente a la escasez de recursos naturales.

2. Agricultura Vertical Sostenible: Establecer sistemas de agricultura vertical que maximicen el uso eficiente del espacio y de los recursos, reduciendo la dependencia de grandes extensiones de tierra y agua.

3. Servicios de Gestión de Residuos: Ofrecer servicios especializados en la gestión eficiente de residuos, enfocándose en la recuperación y reciclaje de materiales valiosos para combatir la escasez de recursos.

4. Desarrollo de Materiales Alternativos: Investigar y producir materiales alternativos a partir de fuentes renovables o recicladas, ofreciendo opciones sostenibles para la construcción, la fabricación y otros sectores.

5. Tecnologías de Conservación de Agua: Desarrollar soluciones tecnológicas para la conservación y reutilización eficiente del agua en diversas industrias, ayudando a mitigar el impacto de la escasez hídrica.

José Manuel Vega Báez

Megatendencias y

Riesgos Tecnológicos

SERIE CIMA
Smart Business
KNOWLEDGE

José Manuel Vega Báez

Megatendencias Tecnológicas

1 – Inteligencia Artificial

La megatendencia global de inteligencia artificial (IA) se refiere a la creciente integración de sistemas informáticos capaces de aprender, razonar y realizar tareas autónomamente. Impulsa avances en automatización, análisis de datos y toma de decisiones. Desde asistentes virtuales hasta vehículos autónomos, la IA transforma industrias y redefine interacciones humanas con la tecnología. Su impacto abarca sectores como la salud, la educación y la manufactura, generando eficiencia, innovación y desafíos éticos. La comprensión de esta megatendencia es esencial para anticipar oportunidades y amenazas en un mundo cada vez más impulsado por la inteligencia artificial.

Algunos giros empresariales que podrían beneficiarse de esta megatendencia son:

1. Salud Digital: La IA permite diagnósticos más rápidos y precisos, personalización de tratamientos y análisis predictivos, mejorando la atención médica y la gestión de enfermedades.

2. E-commerce: Utilizando IA para análisis predictivo, recomendaciones personalizadas y chatbots de atención al cliente, las plataformas de comercio electrónico optimizan la experiencia del usuario y aumentan las conversiones.

3. Manufactura Inteligente: La automatización impulsada por IA mejora la eficiencia en la producción, optimiza la cadena de suministro y facilita el mantenimiento predictivo de equipos, reduciendo costos y aumentando la calidad.

4. Finanzas y Banca: La IA se aplica en análisis de riesgos, detección de fraudes, asesoramiento financiero personalizado y automatización de tareas, mejorando la toma de decisiones y la eficiencia operativa.

5. Educación Personalizada: La IA facilita la adaptación de contenidos educativos según las necesidades individuales de los estudiantes, mejorando la retención de conocimientos y el rendimiento académico.

6. Agricultura de Precisión: Mediante análisis de datos, sensores y automatización, la IA mejora la gestión de

cultivos, aumenta la eficiencia en el uso de recursos y optimiza la producción agrícola.

7. Recursos Humanos: La IA agiliza el proceso de selección de personal, realiza análisis de datos para la gestión del talento y facilita la automatización de tareas administrativas en recursos humanos.

8. Transporte Inteligente: La IA impulsa vehículos autónomos, optimiza rutas de transporte, mejora la gestión del tráfico y facilita la logística, reduciendo costos y mejorando la seguridad.

9. Publicidad Digital: Utilizando IA para análisis de datos, segmentación de audiencia y personalización de anuncios, las empresas maximizan la efectividad de sus campañas publicitarias.

10. Turismo y Hospitalidad: La IA se aplica en la personalización de experiencias de viaje, la gestión de reservas, la atención al cliente virtual y el análisis predictivo de demanda, mejorando la satisfacción del cliente.

En general, una empresa que ignora la megatendencia de inteligencia artificial corre el riesgo de quedar rezagada en la competitividad y eficiencia. Al no adoptar tecnologías de IA, podría perder oportunidades para mejorar la toma de decisiones, personalizar servicios, automatizar procesos y anticipar demandas del mercado. Además, enfrentaría desafíos en la eficiencia operativa y la satisfacción del cliente, ya que otras empresas que sí adoptan la IA podrían ofrecer soluciones más avanzadas y adaptadas. La falta de integración de esta megatendencia podría limitar la innovación y la capacidad de adaptación a un entorno empresarial en constante evolución.

Algunas ideas de nuevos negocios basados en esta megatendencia son:

1. Asesoría Virtual Personalizada: Ofrecer servicios de asesoramiento virtual basados en algoritmos de IA, que analizan datos específicos de usuarios para proporcionar recomendaciones personalizadas en áreas como finanzas, salud y estilo de vida.

2. Plataforma de Desarrollo de Chatbots: Crear una plataforma que facilite el desarrollo y la implementación de chatbots empresariales, permitiendo a las empresas integrar asistentes virtuales para mejorar la atención al cliente y la interacción en línea.

3. Análisis Predictivo para PYMEs: Ofrecer soluciones de análisis predictivo basadas en IA diseñadas específicamente para pequeñas y medianas empresas, ayudándolas a tomar decisiones informadas y anticipar tendencias del mercado.

José Manuel Vega Báez

4. Entrenamiento Personalizado en IA: Establecer una plataforma de formación en línea que ofrezca cursos especializados en desarrollo y aplicación de inteligencia artificial, permitiendo a profesionales y entusiastas adquirir habilidades clave en este campo.

5. Plataforma de Automatización para Empresas Tradicionales: Desarrollar una plataforma integral que permita a empresas tradicionales integrar tecnologías de IA de manera sencilla, facilitando la automatización de procesos internos y optimizando la eficiencia operativa.

2 – Internet de las Cosas

La megatendencia global de Internet de las cosas (IoT) se refiere a la interconexión digital de objetos cotidianos mediante sensores y dispositivos, permitiendo la recopilación, el intercambio y la interpretación de datos en tiempo real. Esto facilita la automatización, mejora la eficiencia y crea experiencias más inteligentes en áreas como hogares, ciudades, salud e industria. La proliferación de dispositivos conectados impulsa la transformación digital, generando nuevas oportunidades en la toma de decisiones, la gestión de recursos y la creación de servicios innovadores y personalizados.

Algunos giros empresariales que podrían beneficiarse de esta megatendencia son:

1. Salud Conectada: Elementos IoT en dispositivos médicos permiten monitorizar la salud en tiempo real, facilitando el diagnóstico temprano y la gestión eficiente de enfermedades crónicas.

2. Agricultura Inteligente: Sensores IoT en campos agrícolas ofrecen datos sobre suelos, clima y cultivos, optimizando la gestión de recursos y mejorando la productividad agrícola.

3. Ciudades Inteligentes: La implementación de sensores IoT en infraestructuras urbanas mejora la gestión del tráfico, la eficiencia energética y la seguridad, transformando las ciudades en entornos más sostenibles.

4. Manufactura: Sensores y dispositivos IoT en líneas de producción permiten el monitoreo en tiempo real, optimizando la eficiencia, reduciendo costos y mejorando la calidad.

5. Energía Eficiente: Medidores inteligentes y dispositivos IoT en redes eléctricas facilitan la gestión eficiente de la energía, promoviendo la sostenibilidad y reduciendo el desperdicio.

6. Hogar Inteligente: Dispositivos IoT en el hogar, como termostatos, luces y electrodomésticos, ofrecen automatización y control remoto, mejorando la comodidad y la eficiencia energética.

7. Retail Conectado: Sensores y dispositivos IoT en tiendas brindan datos sobre el comportamiento del cliente,

José Manuel Vega Báez

permitiendo estrategias de marketing personalizadas y mejorando la experiencia de compra.

8. Logística y Cadena de Suministro: Dispositivos IoT rastrean la ubicación y el estado de los productos en tiempo real, mejorando la visibilidad y eficiencia en la cadena de suministro.

9. Vehículos Conectados: Sensores IoT en vehículos permiten monitoreo y análisis de datos, mejorando la seguridad, la eficiencia del combustible y proporcionando servicios de navegación avanzados.

10. Educación Interactiva: Dispositivos IoT en entornos educativos facilitan la interactividad y personalización del aprendizaje, mejorando la experiencia educativa y el rendimiento estudiantil.

En general, una empresa que descuide la megatendencia de Internet de las cosas corre el riesgo de quedarse atrás en términos de eficiencia operativa, competitividad y satisfacción del cliente. Al no adoptar soluciones IoT, perdería oportunidades para mejorar la gestión de recursos, automatizar procesos clave y ofrecer servicios personalizados. Además, enfrentaría desafíos en la toma de decisiones informada y en la capacidad de adaptarse a un entorno empresarial en constante evolución. La falta de integración de la IoT podría limitar su capacidad para aprovechar las ventajas de la conectividad y la recopilación de datos en tiempo real, comprometiendo su posición en el mercado.

Algunas ideas de nuevos negocios basados en esta megatendencia son:

1. Gestión de Residuos Inteligente: Implementar sensores IoT en contenedores de basura para monitorear el nivel de llenado en tiempo real, optimizando las rutas de recolección y reduciendo costos.

2. Seguridad Residencial Conectada: Ofrecer soluciones de seguridad para el hogar basadas en IoT, como cámaras y sensores, que permitan la monitorización remota y alertas en tiempo real.

3. Agricultura de Precisión: Desarrollar sistemas agrícolas basados en sensores y dispositivos IoT que ofrezcan datos detallados sobre suelos, clima y cultivos para optimizar la producción.

4. Dispositivos de Salud Portátiles: Crear wearables y dispositivos de salud conectados que recopilen datos biométricos para el monitoreo continuo y el análisis de la salud personal.

5. Gestión Eficiente de Flotas: Desarrollar soluciones para empresas de transporte basadas en IoT, que permitan

el seguimiento en tiempo real de vehículos, el mantenimiento predictivo y la optimización de rutas.

3 – Computación Cuántica

La megatendencia global de la computación cuántica se refiere a la evolución de la tecnología informática que utiliza principios de la mecánica cuántica para realizar cálculos. Aprovechando qubits en lugar de bits tradicionales, la computación cuántica promete un procesamiento exponencialmente más rápido y complejo. Esto tiene el potencial de transformar industrias al resolver problemas computacionales intratables para las computadoras clásicas, como simulaciones moleculares precisas, optimización de rutas logísticas complejas y el descifrado eficiente de algoritmos de cifrado, inaugurando una era de innovación disruptiva.

Algunos giros empresariales que podrían beneficiarse de esta megatendencia son:

1. Farmacéutica y Descubrimiento de Medicamentos: La computación cuántica aceleraría la simulación precisa de moléculas, agilizando el proceso de descubrimiento de nuevos fármacos y terapias.

2. Logística y Cadena de Suministro: Optimización cuántica para rutas logísticas complejas, mejorando la eficiencia en la distribución y reduciendo costos.

3. Criptografía Cuántica: Ofrece seguridad cuántica avanzada, protegiendo las comunicaciones y transacciones de manera inquebrantable frente a ataques cibernéticos.

4. Finanzas Cuánticas: Modelado más preciso de riesgos financieros, optimización de carteras de inversión y aceleración de cálculos complejos en tiempo real.

5. Inteligencia Artificial Cuántica: Potencia el aprendizaje de máquinas cuánticas para realizar análisis más rápidos y complejos, mejorando la toma de decisiones en tiempo real.

6. Simulaciones de Materiales: La capacidad para simular materiales a nivel cuántico impulsaría avances en ciencia de materiales, catalizando la innovación en electrónica, energía y más.

7. Optimización de Cadenas de Producción: Resolución eficiente de problemas de optimización complejos, mejorando la eficiencia y la planificación en la producción.

8. Telecomunicaciones Cuánticas: Desarrollo de redes cuánticas para la transmisión segura de información, superando las limitaciones de las redes tradicionales.

9. Investigación en Inteligencia Artificial: Capacidades cuánticas para procesar grandes conjuntos de datos, acelerando el entrenamiento de modelos de inteligencia artificial más complejos.

José Manuel Vega Báez

10. Energía y Diseño de Materiales para Baterías: La simulación cuántica permitiría un diseño más eficiente de materiales para baterías, impulsando la innovación en almacenamiento de energía.

En general, una empresa que ignore la megatendencia de la computación cuántica podría enfrentar desafíos significativos en competitividad e innovación. Se perdería la oportunidad de utilizar la potencia computacional exponencialmente mayor que ofrece la computación cuántica, afectando la resolución eficiente de problemas complejos y la toma de decisiones estratégicas. Además, la seguridad informática podría verse comprometida al no adoptar la criptografía cuántica, exponiendo la empresa a riesgos cibernéticos avanzados. La falta de integración con esta tecnología emergente podría resultar en una desventaja a medida que otras empresas avanzan hacia soluciones más eficientes y avanzadas.

Algunas ideas de nuevos negocios basados en esta megatendencia son:

1. Consultoría en Optimización Cuántica: Ofrecer servicios de consultoría especializados en la aplicación de algoritmos cuánticos para resolver problemas de optimización en diversas industrias, mejorando la eficiencia operativa.

2. Seguridad Cuántica como Servicio (QaaS): Proporcionar soluciones de seguridad cuántica como un servicio, protegiendo la información confidencial de las amenazas cibernéticas avanzadas mediante técnicas cuánticas.

3. Plataforma de Simulación Cuántica para la Industria Farmacéutica: Desarrollar una plataforma que permita a las empresas farmacéuticas simular moléculas a nivel cuántico, acelerando el proceso de descubrimiento de medicamentos.

4. Servicios de Entrenamiento en Inteligencia Artificial Cuántica: Ofrecer programas de capacitación y servicios de consultoría para empresas interesadas en implementar y aprovechar la inteligencia artificial cuántica en sus operaciones.

5. Desarrollo de Software Cuántico Empresarial: Crear aplicaciones y software empresarial diseñados específicamente para aprovechar la potencia de la computación cuántica, facilitando su adopción en diferentes sectores.

José Manuel Vega Báez

Riesgos Tecnológicos

1 – Ataques Cibernéticos

El riesgo global de ataques cibernéticos se refiere a la amenaza constante y creciente de intrusiones maliciosas en sistemas informáticos a nivel mundial. Incluye la posibilidad de violaciones de seguridad, robo de datos sensibles, interrupción de servicios críticos y manipulación de información. Este riesgo se intensifica con la evolución tecnológica, exponiendo a empresas, gobiernos y usuarios a consecuencias financieras, operativas y de privacidad significativas si no se toman medidas adecuadas para prevenir, detectar y mitigar tales amenazas.

Algunos giros empresariales que podrían dañarse con este riesgo son:

1. Instituciones Financieras: Riesgo de robo de información financiera, pérdida de la confianza del cliente y daño a la reputación por violaciones de seguridad.

2. Empresas de Tecnología: Pérdida de propiedad intelectual, interrupción de servicios, y pérdida de confianza del cliente si los productos o servicios son comprometidos.

3. Sector de la Salud: Robo de información médica sensible, interrupción de servicios de atención médica y posibilidad de alterar registros médicos.

4. Energía y Servicios Públicos: Interrupción de servicios esenciales, como la distribución de energía, con impactos significativos en la infraestructura crítica.

5. Gobierno y Defensa: Riesgo de robo de información clasificada, interrupción de operaciones gubernamentales y potencial para ataques cibernéticos a la infraestructura crítica.

6. Comercio Minorista: Robo de datos de clientes, pérdida de confianza del consumidor y repercusiones financieras por incumplimiento de normativas de protección de datos.

7. Educación: Riesgo de robo de información estudiantil, interrupción de servicios educativos y pérdida de reputación institucional.

José Manuel Vega Báez

8. Manufactura: Interrupción de cadenas de suministro, robo de propiedad intelectual y pérdida de productividad debido a la manipulación de sistemas de fabricación.

9. Medios de Comunicación: Riesgo de manipulación de contenido, robo de información confidencial y pérdida de credibilidad frente a los usuarios.

10. Transporte y Logística: Interrupción de servicios de transporte, riesgo de manipulación de sistemas de navegación y pérdida de confianza de los usuarios.

En general, una empresa que no tome en cuenta el riesgo global de ataques cibernéticos enfrenta consecuencias potencialmente devastadoras. Podría sufrir pérdidas financieras significativas debido al robo de datos, interrupciones operativas, daño a la reputación y la pérdida de la confianza del cliente. Además, la falta de preparación para enfrentar amenazas cibernéticas podría resultar en la exposición de información confidencial, violaciones regulatorias y posiblemente la descontinuación de sus operaciones. Ignorar este riesgo deja a la empresa vulnerable a impactos que van más allá de lo financiero, afectando su viabilidad a largo plazo.

Algunas ideas de nuevos negocios basados en este riesgo son:

1. Servicios de Respuesta a Incidentes Cibernéticos: Ofrecer servicios especializados para responder y mitigar ataques cibernéticos, ayudando a las empresas a recuperarse rápidamente y fortalecer sus defensas.

2. Desarrollo de Tecnologías Antiphishing: Crear soluciones innovadoras para detectar y prevenir ataques de phishing, protegiendo a individuos y empresas contra engaños en línea.

3. Ciberseguridad para Dispositivos IoT: Desarrollar soluciones de ciberseguridad dedicadas a proteger dispositivos de Internet de las cosas (IoT) y la infraestructura asociada ante amenazas cibernéticas.

4. Plataformas de Simulación de Ataques: Ofrecer plataformas que simulen ataques cibernéticos para evaluar la resistencia de las empresas y mejorar sus capacidades de defensa.

5. Educación en Ciberseguridad para Empresas: Proporcionar programas de formación y concientización en ciberseguridad para empleados y empresas, ayudándoles a comprender y prevenir amenazas cibernéticas.

2 – Desinformación Digital

El riesgo global de desinformación digital implica la propagación deliberada de información falsa o engañosa a través de plataformas digitales. Este fenómeno amenaza la integridad de la información, socava la confianza pública y puede tener consecuencias significativas en áreas como la política, la salud pública y la toma de decisiones. La desinformación digital puede originarse tanto de actores malintencionados como de usuarios inadvertidos, afectando la percepción pública y generando confusión en un mundo cada vez más interconectado y dependiente de la información digital.

Algunos giros empresariales que podrían dañarse con este riesgo son:

1. Empresas de Tecnología: Pérdida de confianza en plataformas digitales, disminución de usuarios y posible regulación más estricta debido a la difusión de desinformación.

2. Industria Farmacéutica: Desconfianza en información sobre medicamentos y vacunas, impactando la adopción y percepción pública de productos farmacéuticos.

3. Medios de Comunicación: Pérdida de credibilidad y confianza del público, erosionando la base de lectores y espectadores debido a la propagación de noticias falsas. 4. Sector Financiero: Desinformación sobre eventos económicos y financieros, generando volatilidad en los mercados y afectando las decisiones de inversión. 5. Empresas de Alimentación: Propagación de información falsa sobre la seguridad alimentaria, afectando la confianza del consumidor y las decisiones de compra. 6. Política y Gobiernos: Desinformación que influye en la percepción pública de políticas y decisiones gubernamentales, erosionando la confianza en las instituciones. 7. Educación en Línea: Difusión de información falsa en cursos en línea, comprometiendo la calidad educativa y afectando la reputación de las instituciones educativas. 8. Salud y Bienestar: Desinformación sobre prácticas de salud, tratamientos y terapias, poniendo en riesgo la salud pública y la confianza en el sector. 9. Empresas de Viajes y Turismo: Desinformación sobre destinos turísticos, eventos o condiciones de seguridad, afectando la toma de decisiones de viaje y el sector turístico. 10. ONG y Organizaciones Humanitarias: Propagación de desinformación sobre crisis humanitarias, comprometiendo la eficacia de las operaciones y la movilización de recursos.

José Manuel Vega Báez

En general, una empresa que no considere el riesgo global de desinformación digital enfrenta consecuencias perjudiciales. Puede experimentar pérdida de confianza del consumidor debido a la difusión de información falsa sobre sus productos o servicios. Esto afectaría la reputación de la empresa, reduciendo la lealtad del cliente y disminuyendo las ventas. Además, podría enfrentar sanciones regulatorias y daños legales si la desinformación tiene repercusiones significativas. La falta de gestión proactiva de la desinformación también debilita la resiliencia ante crisis de reputación, comprometiendo la estabilidad a largo plazo de la empresa en un entorno digital.

Algunas ideas de nuevos negocios basados en este riesgo son:

1. Consultoría en Gestión de Reputación Digital: Ofrecer servicios de consultoría especializada para empresas que buscan gestionar y mitigar los riesgos de desinformación digital, incluyendo estrategias de monitoreo, respuesta y reconstrucción de reputación.

2. Desarrollo de Herramientas de Verificación de Información: Crear y comercializar plataformas y herramientas tecnológicas avanzadas para la verificación de información en línea, ayudando a empresas y usuarios a identificar y contrarrestar la desinformación.

3. Educación en Alfabetización Digital y Mediática: Establecer programas educativos y plataformas en línea que promuevan la alfabetización digital y mediática, capacitando a individuos y empresas para discernir información veraz de desinformación.

4. Servicios de Investigación de Desinformación: Ofrecer servicios de investigación especializados para identificar la fuente y propagadores de desinformación, brindando a las empresas la información necesaria para una respuesta efectiva.

5. Plataformas de Verificación de Contenido Empresarial: Crear plataformas en línea que permitan a las empresas verificar y autenticar el contenido relacionado con sus marcas, productos o servicios, asegurando la integridad de la información en línea.

3 – Concentración del Ciberpoder

El riesgo global de concentración del ciberpoder se refiere al peligro asociado con la acumulación desproporcionada de influencia y control sobre la infraestructura digital por parte de un número limitado de actores, ya sean gobiernos, corporaciones o entidades no estatales. Esta concentración puede dar lugar a desequilibrios de poder, vulnerabilidades

José Manuel Vega Báez

sistémicas y amenazas a la privacidad, la seguridad cibernética y la equidad en el acceso a la información, afectando la estabilidad y el funcionamiento equitativo de la red global.

Algunos giros empresariales que podrían dañarse con este riesgo son:

1. Servicios Financieros Digitales: La concentración del ciberpoder podría amenazar la seguridad de las transacciones y la privacidad financiera, afectando la confianza en servicios como banca en línea y pagos digitales.

2. Tecnologías de la Salud Conectada: La centralización podría poner en riesgo la integridad y la privacidad de los datos de salud, erosionando la confianza en las soluciones de salud conectada y aumentando las preocupaciones sobre la seguridad.

3. Comercio Electrónico: La concentración del ciberpoder podría generar preocupaciones sobre la competencia leal, limitando el acceso equitativo a las plataformas de comercio electrónico y perjudicando a pequeños comerciantes.

4. Plataformas de Redes Sociales: Un ciberpoder concentrado podría dar lugar a la manipulación de la información y la limitación de la diversidad de opiniones en

las redes sociales, erosionando la confianza del usuario y generando problemas de gobernanza.

5. Industria de la Energía Inteligente: La concentración del control sobre las redes eléctricas inteligentes podría resultar en vulnerabilidades sistémicas y riesgos de ciberseguridad, amenazando la estabilidad y la confiabilidad del suministro de energía.

6. Educación en Línea: La dependencia de un número limitado de plataformas educativas en línea podría afectar la disponibilidad y la equidad en el acceso a la educación, generando desafíos para la diversidad educativa.

7. Transporte Autónomo: La concentración del ciberpoder en sistemas de transporte autónomo podría aumentar los riesgos de ciberataques, poniendo en peligro la seguridad de vehículos y la infraestructura asociada.

8. Producción y Distribución de Contenido Digital: La concentración en las plataformas de distribución de contenido digital podría limitar la diversidad de voces y contenidos, afectando la libertad de expresión y el acceso a información variada.

9. Industria Aeroespacial y de Defensa: La centralización del ciberpoder podría aumentar los riesgos de ciberataques a sistemas críticos de defensa y comprometer la seguridad nacional.

10. Empresas de Tecnología Emergentes: La concentración del ciberpoder podría dificultar la entrada de nuevas empresas al mercado, limitando la innovación y la competencia, y generando un entorno desfavorable para la diversidad empresarial.

José Manuel Vega Báez

En general, una empresa que no considere el riesgo global de concentración del ciberpoder podría enfrentar una serie de desafíos graves. Podría quedar vulnerable a ciberataques masivos, perder acceso equitativo a infraestructuras digitales clave, sufrir interrupciones en la cadena de suministro digital y enfrentar la manipulación de datos críticos. Además, la falta de diversificación en la gestión de riesgos relacionados con la concentración del ciberpoder podría socavar la confianza del cliente, la competitividad y la capacidad de adaptación a un entorno digital en constante cambio. Considerar este riesgo es esencial para la supervivencia y la resiliencia empresarial.

Algunas ideas de nuevos negocios basados en este riesgo son:

1. Plataformas de Descentralización Digital: Desarrollar plataformas que descentralicen servicios digitales clave, como almacenamiento en la nube y redes sociales, ofreciendo mayor seguridad y privacidad.

2. Sistemas de Ciberseguridad Avanzados: Emprender en la creación de soluciones de ciberseguridad innovadoras para proteger empresas contra amenazas emergentes asociadas con la concentración del ciberpoder.

3. Redes y Servicios de Computación Cuántica: Explorar oportunidades en la computación cuántica para ofrecer servicios más seguros y eficientes, reduciendo la dependencia de infraestructuras centralizadas.

4. Plataformas de Identidad Digital Descentralizadas: Desarrollar soluciones que empoderen a los usuarios con el control de su identidad digital, reduciendo la dependencia de plataformas centralizadas y mejorando la privacidad.

5. Empresas de Gestión de Riesgos Digitales: Ofrecer servicios especializados en evaluación y gestión de riesgos digitales, ayudando a las empresas a diversificar sus estrategias y protegerse contra amenazas de concentración del ciberpoder.

José Manuel Vega Báez

Megatendencias y

Riesgos Geopolíticos

SERIE CIMA
Smart Business
KNOWLEDGE

José Manuel Vega Báez

Megatendencias Geopolíticas

1 – Nearshoring

La megatendencia global de nearshoring se refiere al cambio estratégico de las empresas al trasladar sus operaciones y servicios a ubicaciones geográficas cercanas en lugar de optar por offshoring en regiones más distantes. Esta tendencia busca reducir costos, mejorar la eficiencia logística y fortalecer la colaboración, aprovechando la proximidad geográfica para agilizar la cadena de suministro, minimizar riesgos y mantener un mayor control sobre la calidad y la comunicación, en respuesta a las demandas de un entorno empresarial dinámico y cambiante.

Algunos giros empresariales que podrían beneficiarse de esta megatendencia son:

1. Manufactura Automotriz: Reducción de costos logísticos y tiempos de entrega, mejora en la coordinación de la cadena de suministro al estar más cerca de los mercados clave.

2. Tecnología de la Información (TI): Mayor flexibilidad y agilidad en el desarrollo de software, comunicación más efectiva con clientes y equipos de trabajo.

3. Servicios de Atención al Cliente: Mejora en la calidad de atención al cliente debido a la proximidad cultural y lingüística, reducción de tiempos de respuesta.

4. Industria Farmacéutica: Cumplimiento normativo más eficiente, menor tiempo de entrega de productos, mejor gestión de la cadena de suministro.

5. Logística y Almacenamiento: Optimización de la cadena de suministro, reducción de costos de transporte y almacenamiento, mayor eficiencia en la gestión de inventarios.

6. Sector de Alimentos y Bebidas: Menores costos de transporte para productos perecederos, mayor frescura de los productos, adaptación más rápida a cambios en la demanda.

José Manuel Vega Báez

7. Servicios Financieros: Mejora en la coordinación entre sedes, cumplimiento normativo más eficiente, servicios personalizados adaptados a mercados locales. 8. Industria Textil y de la Moda: Mayor flexibilidad en la producción, reducción de costos de transporte, adaptación más rápida a las tendencias locales de moda. 9. Ingeniería y Diseño: Mayor colaboración en el desarrollo de productos, respuesta más rápida a cambios en los requisitos del cliente. 10. Servicios de Consultoría Empresarial: Mayor comprensión de los contextos empresariales locales, adaptación de estrategias empresariales a las necesidades regionales.

En general, una empresa que no tome en cuenta la megatendencia global de nearshoring podría enfrentar desafíos significativos, como mayores costos logísticos, tiempos de entrega prolongados y dificultades en la adaptación a las demandas locales. Además, la falta de proximidad cultural y lingüística podría afectar la calidad de la atención al cliente y la comprensión de los mercados locales, debilitando su competitividad. La empresa podría perder oportunidades para optimizar sus operaciones, adaptarse ágilmente a cambios en la demanda y mejorar la eficiencia de su cadena de suministro, impactando negativamente su rendimiento a largo plazo.

Algunas ideas de nuevos negocios basados en esta megatendencia son:

1. Plataforma de Gestión Logística Nearshore: Desarrollar una plataforma que conecte empresas con proveedores de servicios logísticos nearshore, facilitando la gestión eficiente de la cadena de suministro y reduciendo costos.

2. Consultoría de Adaptación Cultural: Ofrecer servicios de consultoría especializados en la adaptación cultural para empresas que implementan estrategias de nearshoring, asegurando una integración fluida en los nuevos mercados.

3. Desarrollo de Tecnologías Colaborativas: Crear soluciones tecnológicas colaborativas que mejoren la comunicación y la colaboración entre equipos distribuidos geográficamente, optimizando la productividad en entornos de nearshoring.

4. Plataforma Educativa de Idiomas y Cultura: Desarrollar una plataforma educativa en línea que brinde cursos de idiomas y aspectos culturales específicos de los países donde se implementa nearshoring, facilitando la integración de equipos.

José Manuel Vega Báez

5. Servicios de Inteligencia de Mercado Local: Ofrecer servicios de investigación de mercado local para empresas que adoptan estrategias de nearshoring, proporcionando información valiosa sobre preferencias del consumidor y tendencias locales.

2 – Regiones Emergentes

La megatendencia global de regiones emergentes se refiere al ascenso económico y la transformación acelerada de áreas geográficas previamente subdesarrolladas o menos desarrolladas. Estas regiones experimentan un rápido crecimiento económico, urbanización, avances tecnológicos y cambios socioculturales significativos. Este fenómeno crea nuevas oportunidades de inversión, mercados dinámicos y centros de innovación, reconfigurando la distribución global de la actividad económica y generando impactos en diversos sectores, desde la producción hasta la cadena de suministro y la demanda de bienes y servicios.

Algunos giros empresariales que podrían beneficiarse de esta megatendencia son:

1. Energías Renovables: Las regiones emergentes a menudo cuentan con recursos naturales abundantes, lo que

permite a las empresas de energías renovables aprovechar fuentes como el sol y el viento para desarrollar proyectos sostenibles, fomentando la transición energética.

2. Tecnología Móvil y Conectividad: Empresas en el sector de tecnología pueden expandir su alcance al proporcionar soluciones de conectividad en regiones emergentes, impulsando el acceso a la información y facilitando la adopción de tecnologías móviles.

3. Agricultura Sostenible: La agricultura en estas regiones se beneficia adoptando prácticas sostenibles y tecnologías agrícolas avanzadas para mejorar la productividad, reducir el impacto ambiental y satisfacer la creciente demanda alimentaria.

4. Educación en Línea: Empresas educativas pueden aprovechar la megatendencia ofreciendo plataformas de educación en línea, brindando acceso a la formación y capacitación en áreas emergentes, fomentando el desarrollo humano y profesional.

5. Turismo Responsable: La industria turística puede prosperar promoviendo destinos en regiones emergentes de manera sostenible, preservando la cultura local y generando oportunidades económicas para las comunidades locales.

6. Infraestructura y Construcción: Empresas de construcción pueden participar en el desarrollo de infraestructuras esenciales, como carreteras y telecomunicaciones, contribuyendo al crecimiento económico y mejorando la calidad de vida en estas regiones.

7. Salud y Biotecnología: El sector de la salud puede beneficiarse al proporcionar soluciones médicas

José Manuel Vega Báez

innovadoras y accesibles, mejorando la atención médica en regiones emergentes y abordando desafíos de salud específicos.

8. Manufactura Sostenible: Empresas manufactureras pueden adoptar prácticas sostenibles y avanzadas tecnologías de producción, aprovechando la mano de obra local y contribuyendo al desarrollo económico en estas áreas.

9. Servicios Financieros Inclusivos: Instituciones financieras pueden expandir servicios inclusivos, como microcréditos y sistemas bancarios móviles, para promover la inclusión financiera en regiones emergentes, estimulando el emprendimiento.

10. Emprendimiento Social: Fomentar el emprendimiento social puede generar soluciones innovadoras a desafíos locales, mejorando las condiciones de vida y creando empresas con impacto social positivo en estas regiones.

En general, una empresa que no considere la megatendencia de regiones emergentes corre el riesgo de perder oportunidades significativas de crecimiento y expansión. Ignorar el potencial económico, los recursos naturales y las oportunidades de mercado en estas áreas puede resultar en una falta de competitividad a largo plazo.

Además, podría perder la oportunidad de establecer relaciones comerciales sostenibles, contribuir al desarrollo socioeconómico y ser parte de soluciones globales para desafíos emergentes. Adaptarse a estas regiones no solo es esencial para la supervivencia empresarial, sino que también puede conducir a una contribución significativa al desarrollo sostenible.

Algunas ideas de nuevos negocios basados en esta megatendencia son:

1. Tecnología para Inclusión Financiera: Desarrollar plataformas y aplicaciones que faciliten el acceso a servicios financieros en regiones emergentes, fomentando la inclusión bancaria y el crecimiento económico.

2. Agricultura Sostenible: Implementar prácticas agrícolas innovadoras y sostenibles, utilizando tecnologías como la agricultura de precisión y sistemas de riego inteligentes para mejorar la productividad y la seguridad alimentaria en estas regiones.

3. Energías Renovables Descentralizadas: Establecer proyectos de energía solar y eólica descentralizados para abastecer de energía limpia a comunidades en regiones emergentes, reduciendo la dependencia de fuentes no sostenibles.

José Manuel Vega Báez

4. Turismo Responsable: Crear experiencias turísticas sostenibles que respeten la cultura local y beneficien a las comunidades, contribuyendo al desarrollo económico y al intercambio cultural en regiones emergentes.

5. Educación Digital y Formación Laboral: Desarrollar plataformas educativas en línea y programas de formación laboral adaptados a las necesidades locales, mejorando las oportunidades educativas y laborales en estas regiones.

3 – Ciudades Inteligentes

La megatendencia global de ciudades inteligentes se refiere a la transformación urbana mediante la integración de tecnologías avanzadas para mejorar la eficiencia, sostenibilidad y calidad de vida. Utilizando sensores, análisis de datos, y conectividad, estas ciudades optimizan la gestión de recursos, servicios públicos, movilidad y seguridad. El objetivo es crear entornos urbanos más eficientes, sostenibles y habitables, anticipándose a desafíos como la urbanización acelerada y promoviendo la participación ciudadana en la toma de decisiones para impulsar el desarrollo armonioso de las comunidades.

Algunos giros empresariales que podrían beneficiarse de esta megatendencia son:

1. Tecnología de la Información (TI): Las empresas de TI pueden proporcionar soluciones y servicios para la infraestructura tecnológica de ciudades inteligentes, como redes de sensores, plataformas de datos y sistemas de gestión.

2. Energía Renovable: Las ciudades inteligentes fomentan el uso eficiente de la energía. Empresas de energía renovable pueden suministrar soluciones para la generación sostenible de energía en entornos urbanos.

3. Transporte Inteligente: Compañías de transporte pueden beneficiarse al proporcionar soluciones de movilidad inteligente, como vehículos eléctricos, sistemas de transporte público eficientes y tecnologías de gestión del tráfico.

4. Construcción Sostenible: Empresas de construcción pueden ofrecer servicios y tecnologías para el desarrollo de edificios inteligentes y sostenibles dentro de ciudades inteligentes.

5. Telecomunicaciones: El despliegue de redes 5G y otras infraestructuras de comunicación es esencial. Las empresas de telecomunicaciones pueden liderar en la conectividad y la comunicación en tiempo real.

6. Servicios de Datos: Empresas que ofrecen servicios de análisis de datos pueden ayudar a las ciudades a procesar y comprender la información recopilada por sensores para tomar decisiones informadas.

José Manuel Vega Báez

7. Seguridad Tecnológica: Empresas de ciberseguridad pueden desempeñar un papel crucial en la protección de la infraestructura crítica y los datos sensibles en ciudades inteligentes.

8. Tecnologías de Edificación Inteligente: Compañías que desarrollan soluciones para edificaciones inteligentes, como sistemas de gestión de energía y automatización, pueden encontrar oportunidades en entornos urbanos inteligentes.

9. Salud Digital: La implementación de soluciones de salud digital en ciudades inteligentes puede ser beneficiosa para las empresas del sector de la salud, mejorando la atención médica y la calidad de vida.

10. Retail y Comercio Electrónico: En ciudades inteligentes, las empresas minoristas pueden aprovechar la tecnología para ofrecer experiencias de compra más personalizadas y eficientes, integrando el comercio en línea y físico.

En general, una empresa que ignore la megatendencia de ciudades inteligentes enfrentará riesgos significativos. Experimentaría una falta de competitividad al no adoptar eficientemente las tecnologías emergentes, perdiendo oportunidades para mejorar la eficiencia operativa y satisfacer las demandas de los consumidores urbanos modernos. La falta de integración con sistemas inteligentes podría resultar en mayores costos, ineficiencias y una pérdida de relevancia en un entorno empresarial impulsado por la innovación urbana. Además, la empresa podría quedar rezagada en términos de sostenibilidad y responsabilidad social, aspectos cada vez más críticos en la percepción pública y la toma de decisiones empresariales.

Algunas ideas de nuevos negocios basados en esta megatendencia son:

1. Plataformas de Ciudadanía Participativa: Desarrollar plataformas digitales que faciliten la participación ciudadana en la toma de decisiones locales, permitiendo a los residentes contribuir con ideas y opiniones sobre el desarrollo de la ciudad.

2. Sistemas de Gestión de Residuos Inteligentes: Implementar soluciones tecnológicas para la gestión eficiente de residuos, incluyendo sensores en contenedores que optimicen la recolección y el reciclaje, reduciendo el impacto ambiental.

3. Servicios de Entrega y Logística Urbana: Crear servicios de entrega sostenibles y eficientes, utilizando tecnologías como drones y vehículos eléctricos para mejorar la logística dentro de la ciudad y reducir la congestión del tráfico.

José Manuel Vega Báez

4. Tecnologías para la Movilidad Personal: Desarrollar dispositivos y plataformas para la movilidad personal, como bicicletas y scooters eléctricos compartidos, integrando opciones de transporte individual que sean amigables con el medio ambiente.

5. Plataformas de Turismo Inteligente: Crear soluciones tecnológicas que mejoren la experiencia de turistas y residentes, proporcionando información en tiempo real sobre eventos, lugares de interés y opciones de transporte, contribuyendo al desarrollo del turismo sostenible.

Riesgos Geopolíticos

1 – Narcotráfico Trasnacional

El riesgo global de narcotráfico trasnacional se refiere a la amenaza que representa el comercio ilícito de drogas a nivel internacional. Implica la producción, transporte y distribución de sustancias controladas a través de redes criminales que trascienden fronteras. Este fenómeno no solo afecta la seguridad pública, sino también la estabilidad política y económica de las naciones, generando violencia, corrupción y erosionando las instituciones. Las empresas, especialmente en áreas propensas al narcotráfico, pueden enfrentar desafíos como extorsiones, lavado de dinero y deterioro del entorno empresarial.

José Manuel Vega Báez

Algunos giros empresariales que podrían dañarse con este riesgo son:

1. Industria Turística: Destinos afectados por el narcotráfico pueden experimentar una disminución del turismo debido a preocupaciones de seguridad, afectando a hoteles, restaurantes y servicios relacionados.

2. Transporte y Logística: Empresas de transporte pueden enfrentar desafíos logísticos y riesgos de seguridad en áreas donde el narcotráfico tiene presencia, afectando la eficiencia y seguridad de las operaciones.

3. Agricultura: Las regiones dedicadas a la producción de drogas ilícitas podrían experimentar deterioro en la actividad agrícola legal debido a la competencia y conflictos territoriales.

4. Bienes Raíces: La inversión inmobiliaria puede sufrir en áreas afectadas por el narcotráfico debido a la disminución del valor de las propiedades y la falta de desarrollo.

5. Comercio Minorista: Tiendas y negocios locales pueden ver una disminución de clientes en áreas afectadas, ya que las comunidades enfrentan desafíos económicos y de seguridad.

6. Instituciones Financieras: El lavado de dinero asociado al narcotráfico puede afectar la reputación y

estabilidad de instituciones financieras que operan en áreas afectadas.

7. Minería: Empresas vinculadas a la extracción de recursos naturales en áreas afectadas podrían enfrentar riesgos de seguridad y operativos.

8. Tecnología: La infraestructura tecnológica podría verse afectada en áreas propensas al narcotráfico, con riesgos de vandalismo y pérdida de conectividad.

9. Manufactura: Las plantas de fabricación ubicadas en áreas afectadas podrían enfrentar interrupciones en la cadena de suministro y riesgos para los empleados.

10. Salud: La presencia del narcotráfico puede impactar negativamente la prestación de servicios de salud, especialmente en áreas con altos índices de violencia y conflicto.

En general, una empresa que no considere el riesgo global de narcotráfico trasnacional enfrentaría amenazas a la seguridad de sus operaciones, pérdida de ingresos debido a interrupciones en la cadena de suministro y daño a la reputación. Además, podría experimentar dificultades para atraer inversores y talento en áreas afectadas, así como enfrentar desafíos legales y regulatorios relacionados con actividades ilícitas. Ignorar este riesgo podría conducir a consecuencias financieras, operativas y de imagen

José Manuel Vega Báez

significativas, afectando la sostenibilidad y estabilidad a largo plazo de la empresa.

Algunas ideas de nuevos negocios basados en este riesgo son:

1. Servicios de Seguridad Empresarial Especializados: Empresas que ofrezcan servicios de seguridad personalizada, protección de activos y análisis de riesgos para organizaciones operando en áreas vulnerables al narcotráfico trasnacional.

2. Tecnología Antinarcóticos: Desarrollo de tecnologías avanzadas, como sistemas de detección de drogas y dispositivos de seguridad, para su implementación en aduanas, almacenes y puntos de control críticos.

3. Formación y Consultoría en Riesgos: Empresas especializadas en ofrecer capacitación y asesoramiento a otras compañías para la identificación y gestión de riesgos asociados al narcotráfico, incluyendo protocolos de seguridad y cumplimiento normativo.

4. Logística Segura: Servicios logísticos que se centren en rutas y métodos de transporte seguros, con tecnologías de seguimiento y medidas de seguridad para prevenir la infiltración de narcóticos en la cadena de suministro.

5. Desarrollo de Tecnologías de Inteligencia: Creación y aplicación de soluciones tecnológicas avanzadas, como análisis de datos y herramientas de inteligencia artificial, para prevenir y combatir el narcotráfico trasnacional, colaborando con agencias gubernamentales y fuerzas del orden.

2 – Ataques Terroristas

El riesgo global de ataques terroristas se refiere a la amenaza de actos violentos planeados por grupos extremistas con el objetivo de causar terror y provocar impacto político o social a nivel mundial. Estos ataques pueden dirigirse contra civiles, infraestructuras críticas o instituciones, generando consecuencias devastadoras. La complejidad y alcance de este riesgo requieren estrategias globales de seguridad, colaboración entre naciones y la implementación de medidas preventivas para mitigar la posibilidad de ataques terroristas.

Algunos giros empresariales que podrían dañarse con este riesgo son:

1. Turismo Internacional: Los ataques podrían disuadir a los turistas de visitar destinos considerados

riesgosos, afectando la industria turística y la economía local.

2. Aerolíneas y Transporte: La seguridad aérea se vería amenazada, generando temor en los pasajeros y afectando la viabilidad de las aerolíneas.

3. Sector Financiero: Ataques terroristas pueden generar inestabilidad financiera, afectando la confianza de los inversionistas y provocando fluctuaciones en los mercados.

4. Empresas de Tecnología: La ciberseguridad podría verse comprometida, ya que los ataques terroristas también pueden incluir amenazas digitales.

5. Infraestructuras Críticas: Ataques a infraestructuras críticas, como centrales eléctricas o sistemas de agua, podrían paralizar operaciones esenciales.

6. Compañías de Seguros: Aumento de reclamaciones por daños y pérdidas, especialmente en sectores afectados directamente por los ataques.

7. Comercio Internacional: Las tensiones y el temor generado podrían afectar el comercio internacional y las cadenas de suministro globales.

8. Empresas de Entretenimiento y Eventos: Grandes eventos podrían ser cancelados o sufrir una disminución de participación debido a preocupaciones de seguridad.

9. Empresas de Seguridad y Defensa: Aunque estas empresas pueden experimentar un aumento en la demanda, también enfrentarían mayores riesgos y desafíos logísticos.

10. Educación Internacional: Instituciones educativas en áreas propensas a ataques terroristas podrían

experimentar una disminución en la matrícula de estudiantes internacionales.

En general, una empresa que no considere el riesgo global de ataques terroristas enfrenta potenciales consecuencias devastadoras. La falta de planificación y medidas de seguridad adecuadas podría resultar en pérdidas financieras significativas debido a interrupciones operativas, daño a la reputación y pérdida de la confianza de clientes e inversores. Además, la empresa podría verse expuesta a riesgos legales y regulatorios, enfrentando posibles sanciones. Ignorar este riesgo aumenta la vulnerabilidad de la empresa, afectando su estabilidad y capacidad para operar en un entorno global cada vez más complejo y amenazante.

Algunas ideas de nuevos negocios basados en este riesgo son:

1. Consultoría en Seguridad Empresarial: Ofrecer servicios de asesoramiento en medidas de seguridad física y

José Manuel Vega Báez

digital para empresas, ayudando a minimizar el riesgo de ataques terroristas.

2. **Desarrollo de Tecnologías Antiterroristas:** Crear y ofrecer tecnologías innovadoras, como sistemas de detección temprana o soluciones de vigilancia avanzada, para prevenir y responder a amenazas terroristas.

3. **Entrenamiento Especializado:** Establecer programas de capacitación para empresas y su personal en protocolos de seguridad específicos, incluyendo simulacros y respuesta ante situaciones de riesgo.

4. **Seguros Especializados en Riesgos Terroristas:** Ofrecer pólizas de seguro adaptadas a los riesgos asociados a actos terroristas, brindando a las empresas una cobertura específica y ajustada a sus necesidades.

5. **Desarrollo de Software de Inteligencia Artificial (IA):** Crear soluciones basadas en IA para analizar patrones y tendencias, contribuyendo a prevenir posibles amenazas terroristas mediante la identificación temprana de comportamientos sospechosos en entornos digitales y físicos.

3 – Nacionalismo Regional

El riesgo global de nacionalismo regional se refiere a la tendencia de los movimientos nacionalistas que buscan la autonomía o independencia de una región específica dentro de un país. Este fenómeno puede generar tensiones políticas, sociales y económicas, afectando la estabilidad interna y las relaciones entre regiones. La exaltación de identidades locales frente a la unidad nacional puede dar lugar a conflictos, desafíos en la gobernabilidad y alteraciones en la cohesión social, impactando tanto a nivel nacional como internacional.

Algunos giros empresariales que podrían dañarse con este riesgo son:

1. Empresas multinacionales: Podrían enfrentar barreras comerciales y políticas más estrictas en las regiones afectadas, lo que dificultaría su expansión global.

2. Industrias con cadenas de suministro internacionales: El nacionalismo regional puede generar interrupciones en las cadenas de suministro, afectando la producción y distribución de bienes.

3. Empresas con presencia en regiones conflictivas: Aquellas con operaciones en áreas afectadas por el nacionalismo regional podrían experimentar tensiones laborales y riesgos para la seguridad.

4. Sector financiero internacional: La incertidumbre política derivada del nacionalismo regional podría afectar la estabilidad de los mercados financieros y la inversión extranjera.

5. Empresas orientadas al turismo: Destinos turísticos en regiones afectadas podrían experimentar una

José Manuel Vega Báez

disminución de visitantes debido a la inestabilidad y las restricciones.

6. Empresas de tecnología: Podrían enfrentar regulaciones más estrictas y limitaciones en la transferencia de datos a través de fronteras regionales.

7. Empresas de energía y recursos naturales: La inestabilidad política podría afectar la explotación y exportación de recursos en áreas con nacionalismo regional.

8. Empresas de logística y transporte: Las restricciones en las fronteras regionales podrían obstaculizar la eficiencia y aumentar los costos operativos.

9. Empresas de servicios profesionales: La incertidumbre legal y política podría afectar la demanda de servicios legales, contables y de consultoría en regiones afectadas.

10. Empresas de alimentos y bebidas: Podrían enfrentar desafíos en la distribución y comercialización de productos en áreas con tensiones nacionalistas, afectando la cadena de suministro y la demanda local.

En general, una empresa que no considere el riesgo global de nacionalismo regional podría enfrentar obstáculos significativos. La falta de preparación ante tensiones políticas y culturales en regiones específicas podría resultar en interrupciones operativas, pérdida de mercados, sanciones comerciales y deterioro de relaciones con clientes y empleados locales. Además, la empresa podría enfrentar una imagen negativa, lo que afectaría su reputación global y la confianza de los inversores. La adaptabilidad a las dinámicas regionales se vuelve crucial para evitar pérdidas financieras y mantener la sostenibilidad en un entorno empresarial cada vez más fragmentado.

Algunas ideas de nuevos negocios basados en este riesgo son:

1. Consultoría en Relaciones Culturales y Políticas: Ofrecer asesoramiento a empresas sobre las dinámicas culturales y políticas específicas de cada región, facilitando una comprensión profunda para adaptar estrategias y evitar conflictos.

2. Plataforma de Inteligencia de Riesgo Regional: Desarrollar una plataforma digital que ofrezca análisis en tiempo real sobre el clima político y cultural en diferentes regiones, ayudando a las empresas a tomar decisiones informadas.

3. Servicios de Adaptación de Marketing: Brindar servicios especializados para adaptar estrategias de marketing y publicidad a las sensibilidades culturales y políticas de cada región, maximizando la efectividad de las campañas.

José Manuel Vega Báez

4. Emprendimientos Locales Sostenibles: Invertir en iniciativas empresariales que promuevan la sostenibilidad y el desarrollo local, generando empleo y apoyo a comunidades específicas para construir relaciones positivas.

5. Plataforma de Mediación Empresarial: Crear una plataforma que facilite la comunicación y mediación entre empresas y comunidades locales, ayudando a prevenir y resolver conflictos.

SERIE CIMA
Smart Business
KNOWLEDGE

José Manuel Vega Báez

Sobre el Autor

El doctor José Manuel Vega Báez, reconocido internacionalmente por su experiencia y conocimientos en liderazgo, gestión y emprendimiento, es un prolífico escritor originario de la Ciudad de México que, con más de 30 libros publicados, muchos de ellos bestsellers, está considerado como el autor de liderazgo más prominente del mundo hispanohablante, impactando a miles de lectores en los cinco continentes.

De su extensa obra escrita destaca Rumbo a la Cima (México 2002), libro reeditado en su décimo aniversario por Grupo Nelson (EEUU 2013), que fue seleccionado como el bestseller de liderazgo más representativo de México por la Amsterdam University of Applied Sciences en su publicación "Delineating Leadership: cross-cultural empirical analyses of localised leadership practices" (Países Bajos 2021).

Como conferencista y facilitador de Speakers México y de la Red Mundial de Conferencistas, ha compartido su mensaje lleno de saber, de ánimo y de acción en cientos de eventos y decenas de países. Sus ideas también se publican como artículos en diversos medios digitales multinacionales, entre los que destacan: Alto Nivel, El Financiero Bloomberg y Entrepreneur.

Es catedrático de prestigiosas universidades a nivel licenciatura, maestría y doctorado, en temas de liderazgo, gestión y emprendimiento. Su formación académica incluye dos doctorados: Administración de Negocios y candidato en Procesos Sociales, tres maestrías: Ingeniería Empresarial, Pensamiento de Sistemas y Dirección de Empresas, una licenciatura y varios diplomados.

Su amplia trayectoria empresarial y su exitosa experiencia directiva en la iniciativa privada, el sector público, agrupaciones deportivas e instituciones educativas, lo respaldan en su quehacer profesional como consejero, consultor y socio fundador de SERIE CIMA, firma especializada en liderazgo, cuya misión es desarrollar mejores líderes para edificar un mejor mundo.

Su acervo completo incluye los siguientes títulos:
1. Modelo de Estudio Curricular Post-Maestría en el Área de Sistemas (1991)
2. Introducción al Estudio del Pensamiento Transdisciplinario (1992)
3. Creatividad e Innovación en la Administración (1993)
4. Un Rostro Incompleto (1994)

5. Diseño del Sistema de Información de una Empresa (1995)
6. Secretos de Empresa (1995)
7. Modelación Estructural de Sistemas (1996)
8. Primera Guía de Acciones Emprendedoras (1998)
9. Rumbo a la Cima −novela para el nuevo líder (2002)
10. ¿Ya Encontraste tu Queso? −un cuento para nuevos líderes (2005)
11. Un Líder para México 2006 (2006)
12. Propuesta para la Valoración del Nivel de Liderazgo en Funcionarios Públicos de Alto Perfil (2007)
13. La Biblia de la Motivación −obra en coautoría (2008)
14. Liderazgo en Tiempos de Crisis (2009)
15. Lecciones de Liderazgo de los Directores Técnicos del Mundial (2010)
16. Adriana −un relato de liderazgo juvenil (2011)
17. 250 Cápsulas de Liderazgo (2012)
18. Liderazgo en la Cumbre −obra en coautoría (2012)
19. Liderazgo: diez años de aportaciones (2012)
20. Rumbo a la Cima 10 −sé un líder de alto desempeño (2013)
21. Mi Líder Favorito (2014)
22. Mucho Éxito en tu Negocio Propio: los cimientos del liderazgo emprendedor (2015)
23. 500 Cápsulas de Liderazgo (2016)
24. Ahí Viene un Tiburón −cómo ser un buen líder ante la adversidad (2017)
25. Liderazgo Mundialista 2018 −lecciones de aciertos y errores de los mejores entrenadores (2018)

José Manuel Vega Báez

26. Liderazgo Sobresaliente –cómo lograr resultados superiores y sostenibles (2018)
27. 15 Poderosas Lecciones de Liderazgo (2019)
28. 777 Frases de Liderazgo (2019)
29. Jesús Líder (2020)
30. 21 Reglas de Liderazgo para Superar las Crisis (2020)
31. Panis Dux –panis [pan] dux [líder] (2021)
32. La Cima del Liderazgo (2021)
33. Evolución de los Modelos de Liderazgo Empresarial (2023)
34. **Liderazgo Prospectivo 2024 (2023)**

José Manuel Vega Báez

@jmvegabaez en redes sociales

Fuentes de Información

1. Bank for International Settlements. (https://www.bis.org/)
2. Bloomberg. (https://www.bloomberg.com/)
3. Brookings Institution. (https://www.brookings.edu/)
4. CB Insights. (https://www.cbinsights.com/)
5. Center for Strategic and International Studies. (https://www.csis.org/)
6. Chatham House. (https://www.chathamhouse.org/)
7. Climate Action Tracker. (https://climateactiontracker.org/)
8. Council on Foreign Relations. (https://www.cfr.org/)
9. Cybersecurity & Infrastructure Security Agency. (https://www.cisa.gov/)
10. Deloitte. (https://www.deloitte.com/)
11. Environmental Defense Fund. (https://www.edf.org/)
12. Ernst & Young. (https://www.ey.com/)
13. Euromonitor International. (https://www.euromonitor.com/)
14. European Union Agency for Cybersecurity. (https://www.enisa.europa.eu/)
15. Financial Stability Board. (https://www.fsb.org/)
16. Foreign Affairs. (https://www.foreignaffairs.com/)
17. Foreign Policy. (https://foreignpolicy.com/)
18. Forrester. (https://go.forrester.com/)
19. Foundation for Strategic Research. (https://www.frstrategie.org/)
20. Futurism. (https://futurism.com/)
21. Gartner. (https://www.gartner.com/)

22. Geopolitical Futures. (https://geopoliticalfutures.com/)
23. Global Reporting Initiative. (https://www.globalreporting.org/)
24. Global Risk Insights. (https://globalriskinsights.com/)
25. GreenBiz. (https://www.greenbiz.com/)
26. Greenpeace International. (https://www.greenpeace.org/)
27. Harvard Business Review. (https://hbr.org/)
28. IEEE Spectrum. (https://spectrum.ieee.org/)
29. Institute for Economics and Peace. (https://www.economicsandpeace.org/)
30. Institute of International Finance. (https://www.iif.com/)
31. Intergovernmental Panel on Climate Change. (https://www.ipcc.ch/)
32. International Crisis Group. (https://www.crisisgroup.org/)
33. International Food Policy Research Institute. (https://www.ifpri.org/)
34. International Institute for Applied Systems Analysis. (https://www.iiasa.ac.at/)
35. International Institute for Strategic Studies. (https://www.iiss.org/)
36. International Monetary Fund. (https://www.imf.org/)
37. International Union for Conservation of Nature. (https://www.iucn.org/)
38. KPMG. (https://kpmg.com/)
39. Lis Data Center. (https://www.lisdatacenter.org/)

40. Max Planck Institute for Demographic Research. (https://www.demogr.mpg.de/)
41. McKinsey & Company. (https://www.mckinsey.com/)
42. Migration Data Portal. (https://migrationdataportal.org/)
43. MIT Sloan Management Review. (https://sloanreview.mit.edu/)
44. MIT Technology Review. (https://www.technologyreview.com/)
45. NASA Earth Observatory. (https://earthobservatory.nasa.gov/)
46. National Geographic. (https://www.nationalgeographic.com/)
47. Observatory of Economic Complexity. (https://oec.world/)
48. Organisation for Economic Co-operation and Development. (https://www.oecd.org/)
49. Our World in Data. (https://ourworldindata.org/)
50. Peterson Institute for International Economics. (https://www.piie.com/)
51. Pew Research Center. (https://www.pewresearch.org/)
52. Population Reference Bureau. (https://www.prb.org/)
53. PricewaterhouseCoopers. (https://www.pwc.com/)
54. RAND Corporation. (https://www.rand.org/)
55. Singularity Hub. (https://singularityhub.com/)
56. Statista. (https://www.statista.com/)
57. Stratfor. (https://www.stratfor.com/)
58. TechCrunch. (https://techcrunch.com/)
59. The Economist. (https://www.economist.com/)

60. The Nature Conservancy. (https://www.nature.org/)
61. The Verge. (https://www.theverge.com/)
62. Trend Hunter. (https://www.trendhunter.com/)
63. United Nations Environment Programme. (https://www.unep.org/)
64. United Nations Population Division. (https://population.un.org/)
65. United Nations. (https://www.un.org/)
66. World Bank. (https://www.worldbank.org/)
67. World Economic Forum. (https://www.weforum.org/)
68. World Meteorological Organization. (https://wmo.int/)
69. World Politics Review. (https://www.worldpoliticsreview.com/)
70. World Wildlife Fund. (https://www.worldwildlife.org/)
71. Yale Center for Environmental Communication. (https://climatecommunication.yale.edu/)
72. Zurich Insurance Group. (https://www.zurich.com/)

SERIE CIMA
Smart Business
KNOWLEDGE

José Manuel Vega Báez